世界のエリートに読み継がれているビジネス書38冊

グローバルタスクフォース―編

The Practice of Management, Marketing Management, Competitive Strategy, Competitive Advantage, The Innovator's Dilemma, The Innovator's Solution, Built to Last, The Knowledge - Creating Company, Pyramid Principle, The Fifth Discipline, Predictably Irrational, Valuation, The Strategy-Focused Organization, Gaining and Sustaining Competitive Advantage, What Sticks, Leading Change

はじめに

なぜ名著は読み継がれているのか？

書店に行くと、ビジネス書だけでも毎月膨大な数の新刊が出版され、平積みにされています。その点数は年々増えているようです。中にはベストセラーとなり、「10万部突破！」などといった派手な打ち出され方をしているものもあります。

このような昨今の新刊ビジネス書の氾濫とは別に、何十年もの長きにわたって〝定番〟として世界中のビジネスパーソンに読み継がれている名著も存在しています。

本書は、新刊書籍の洪水に流されがちなビジネスパーソンにとって、「この領域を理解するなら、まずこの1冊」という、歴史的な名著を38冊選び、それぞれに対して、独自の解説と体系マップをつけて構成した読書ガイドです。

本書でピックアップした38タイトルの書籍はすべて、内容の質的にも体系的にも、そして掘り下げ方の深さの面でも、〝最高峰〟のものばかりです。そのほとんどが世界の主要ビジネススクールの定番読書リストとして、現在でも読み継がれています。

本書で取り上げた中の1冊を通して読んだだけでも、流行のビジネス書を100冊読むよりも多くのことを得られるのは間違いありません。他の新刊本に浮気することなく、各領域のバイブルを辞書代わりに読み込むことで、事実や理論の理解にとどまらない、多くの「気づき」を得られるはずです。

理論的な本は、〝難解〟なのか？

「ビジネススクールのテキストになっているような本は難し過ぎて、現実のビジネスには使えない」「400ページを超える分厚い本など、読みきれる自信がない」

このような先入観を持つ人も多いかもしれません。しかし、その懸念は杞憂です。

本書で紹介している名著が名著たる所以は、「主張が体系的かつ根拠が明確でありながら、それをサポートするための事例も圧倒的に豊富」だからです。たとえば、400ページを超える名著も、実際には10ページにも満たないメインの理論や発見、または主張をサポートするために、残りの390ページでその理論が成り立つ根拠とそのロジック、そのロジックに基づく多種多様な事例、そしてその事例にまつわる圧倒的に丁寧でわかりやすい説明がされていることが多いのです。

理論的な本は、「実践的」でないのか？

一方、「理論はわかるが、この手の本にはすぐに役立つ具体的なハウツーが書かれていない」という批判もよく聞きます。しかし、このような批判の半分は、前述のとおり、各書籍で多くのページが割かれている豊富な「事例」を読み込むことで解決するはずです。そして、残りの批判に対しては、暗記ではなく、「適応させる」という前提で読み込むことで解決します。

本を読む目的がただ「知識」の底上げであるなら、暗記中心の「受験勉強」で事足りるでしょう。しかし、知識でなく、実際に身の周りで活用できる「知恵」とするなら、「暗記」ではなく、「背景や隠れた前提を見出し、現状の環境に適応させる努力」が必要になります。それが本来、マニュアル対応やロボット対応でなく、「自分のアタマで考える」ということであり、本質的な「学び」のプロセスそのものだからです。

基本的な理論とそのサポートのために記述されているいくつかの事例に沿って考えれば、自分が直面する場面に応用することは十分可能です。逆に言えば、巷にあふれている数多くの「ノウハウ本」と呼ばれている書籍は、ある基本的な設定に基づいて、精度を犠牲にしてテンプレート化したり、理論的な裏づけや体系的な視点を犠牲にして、「わかりやすい」独りよがりの主張を貫いていることに気づくでしょう。

「そのまま使えて、今日から適応できる答えやテンプレート」

そのような魔法のツールなど、存在しないのです。

名著をビジネスでどう活用すべきか

では、本書で紹介する多くの名著はどのように活用すべきなのでしょうか。

本書では、バーバラ・ミント著の『考える技術・書く技術』という思考技術の定番書を取り上げています。

マーケティングや戦略などの各論に入る前に、この論理的・批判的思考や概念化思考といったパソコンのCPU（中央演算処理装置）にあたる「考える力」を早急にブラッシュアップしていくことが最も重要であることに疑念の余地はありません。実際、この力を身につけるためには本を読むだけでは不十分です。そこで、日々の小さな意思決定をすべてトレーニングと考え、主体的な課題を見出し、気づきと解決のサイクルを短く、速く、そして多く回して実践し続けることで思考力を磨くことが最初のステップとなります。そして、自分のアタマで体系マップを作れ、自分の言葉で内容を整理できるくらい各名著を読み込み、考え抜くことです。

いくら本書で紹介した名著が素晴らしくても、自分の頭を使わない限り、「意味のない理論本」にすぎません。自分の頭を使ってはじめて「どのような状況（条件）においても意味のある実践本」に生まれ変わるのです。

ぜひ、みなさんも本書で紹介した名著の世界を垣間見る際、事実や主張、理論の理解だけに留まらず、様々な前提や背景を置き換え、自分なりの発見や主張を持てるように思考力のトレーニングを兼ねて読み進めてください。

最後に

本書で取り上げた38冊のビジネス名著や各著者のメッセージのすべてを本書1冊で把握することは不可能です。本書はあくまでも世界のエリートのバイブルとして取り上げられる38冊を読解する際のヒントとなる、いくつかの視点を提供するガイドに過ぎません。しかし、少なくともこれらの名著のエッセンスを俯瞰するためのポイントを把握することはできるはずです。

　本書で紹介したビジネス書にはすべて、〝感動〟さえ覚えるほど数々の研究に基づいた記述と詳細な事例、そしてそれらを含有した上で浮かび上がってくる深いメッセージが盛り込まれています。ぜひ、その真意を理解して実際のビジネスで実践するためにも必ずこれらの名著そのものにもチャレンジしてください。すべて日本語版で読むことができますし、一部の書籍は文庫版が出ており手軽な価格で入手することができます。その一方、一部の書籍は残念ながら現時点において出版社側で絶版状態となっているものがあります。本書では、当該書籍の内容の価値自体に何ら変化がないこと、中古市場で入手が十分可能である現状を鑑み、あえて掲載しています。

　売れる本が名著であることは多いものの、読み継がれる名著のすべてが必ずしも万人受けし、売れ続ける本ではないという認識も必要です。英国の『The Sun』などの大衆紙（タブロイド紙）が300万部超売れる中、高級紙で最大部数の『The Daily Telegraph』ははわずか80万部前後であることからもわかるように、ハウツー本や流行本が、骨太の名著よりも圧倒的に売れてしまう現実に留意が必要です。

　また、本書は2004年に総合法令出版から発刊された『あらすじで読む世界のビジネス名著』をベースに、取り上げる名著の数を増やしたり一部を割愛するなどの見直しを行ったほか、解説文も可能なかぎり見直しを行いました。旧版で好評だった各名著の目次を体系化して構成を

〝見える化〟した体系マップについても新たに作成したりバージョンアップを行いました。このマップを見れば、分厚くて難解に思える原著も実は大変シンプルな構成であることがわかるはずです。ぜひ原著を読む際の助けにしてください

最後に、本書の性格上、参考箇所の1つひとつに注釈をつけるのは困難であり、省略させていただきました。大方のご寛恕をお願いいたします。また、本文中の敬称は略させていただきました。

出版にあたって、多大な苦労をおかけしました総合法令出版編集部の田所陽一氏に感謝いたします。

2015年6月吉日

グローバルタスクフォース株式会社

目次

はじめに …… 2
本書の構成と使い方 …… 14

第1章　ゼネラルマネジメント

ドラッカー『現代の経営』（上・下） …… 20
グラッドウェル『第1感』 …… 30
フェファー&サットン『なぜ、わかっていても実行できないのか』 …… 38
ベイザーマン『バイアスを排除する経営意思決定』 …… 46
アグゼル&ソウンデルパンディアン『ビジネス統計学』（上・下） …… 54
アリエリー『予想どおりに不合理』 …… 62

大前研一『新装版　企業参謀』……70

第2章　論理的思考

ミント『新版　考える技術・書く技術』……82

第3章　技術経営・アントレプレナーシップ

クリステンセン『増補改訂版　イノベーションのジレンマ』……92
クリステンセン&レイナー『イノベーションへの解』……102
クリステンセン&アンソニーほか『イノベーションの最終解』……110
ティモンズ『ベンチャー創造の理論と戦略』……120

第4章　ヒト（HR／組織行動）

ビアー&スペクターほか『ハーバードで教える人材戦略』……130

ロビンス『新版　組織行動のマネジメント』……138

スペンサー『コンピテンシー・マネジメントの展開』（完訳版）……148

センゲ『最強組織の法則』……156

コッター『企業変革力』……166

第5章　モノ（マーケティング）

コトラー&ケラー『コトラーとケラーのマーケティング・マネジメント』（第12版）……176

ライクヘルド『顧客ロイヤルティのマネジメント』……194

ラブロック&ライト『サービス・マーケティング原理』……202

アーカー『ブランド・エクイティ戦略』……210

サイモン&ドーラン『価格戦略論』……218
ブリッグス&スチュアート『刺さる広告』……226
ハース『アイデアのちから』……236

第6章　カネ（会計・財務）

パレプ&バーナードほか『企業分析入門』（第2版）……246
コラー&フーカートほか『企業価値評価』（第5版）（上・下）……254
ブリーリー&マイヤーズほか『コーポレート・ファイナンス』（第10版）……262
クーパー&カプランほか『ABCマネジメント革命』……270
コープランド&アンティカロフ『決定版　リアル・オプション』……278
バーンスタイン『リスク　神々への反逆』……286

第7章 戦略

ポーター『新訂 競争の戦略』……296
ポーター『競争優位の戦略』……306
バーニー『企業戦略論』(上・中・下)……314
ハメル&プラハラード『コア・コンピタンス経営』……322
野中郁次郎&竹内弘高『知識創造企業』……330
ネイルバフ&ブランデンバーガー『ゲーム理論で勝つ経営』……338
コリンズ&ポラス『ビジョナリー・カンパニー』……346
キャプラン&ノートン『キャプランとノートンの戦略バランスト・スコアカード』……356

装丁 加藤賢策(LABORATORIES)
本文デザイン 小松学(ZUGA)
本文DTP・図表作成 横内俊彦
本文イラスト 山崎竜太

本書の構成と使い方

本書の構成

本書では、以下のように各分野の名著を分析・構成し、その概要を1冊について8～10ページでまとめています。

まず1ページ目の書籍概要として「キーワード」で当該書籍の理論や主張の関連領域をイメージし、「機能別分類」と「キャリア職位別分類」で各マネジメント領域との関係と対象読者層で、広範囲にまたがる議論か、絞られた範囲を深く進められる議論かを把握します。

2ページ目以降の本文の中では、まず「読み継がれる理由」で、なぜその本が名著として認められたのか、きっかけを含めたその背景を説明します。次に「要旨」では、著者または著者のまとめに関する主なメッセージを明らかにします。そして、最後の「重要なメッセージ」では、その主要なメッセージをサポートする代表的な事例や数字など個別の発見、主張、分析などを参照し、数百ページにわたる各バイブルの奥深さを紹介します。

本文に続く見開きの「目次　体系マップ」では、目次を見ただけではわからない各名著の、各章や各理論のつながりと全体の関係、メッセージをツリー状に図解し、マネジメントを学習する上で最も重要な体系的な視野を育んで、名著に記述されたもの以外へ応用するための気づきを養うことを目的としています。

事実や主張、理論の理解だけに留まらず、様々な前提や背景を置き換え、自分なりの発見や主張を持てるように思考力のトレーニングを兼ねて読み進めて下さい。

本書の対象読者別使用法ガイド

本書の対象は、ビジネスパーソンにとって必要となるマネジメント領域の幅の広さと深さにより、大きく①ジュニアスタッフ層、②ミドルスタッフ層、そして③シニアスタッフ層の3つのグループに分けています。この分類は、書籍を学習するための最適なステップを意味しています。

① ジュニアスタッフ層

まず、就職を前にした大学生や新入社員、そして入社3~5年程度の若手社員です。このグループには、いわゆるゼネラルマネジメント（ドラッカー『現代の経営』）と論理的思考力（バーバラ・ミント『考える技術・書く技術』）の２冊を挙げています。

② ミドルスタッフ層

いわゆる係長から課長のマネジャー層です。部下をマネージし、チームを率いていくための基礎としてのゼネラルマネジメント（ドラッカー『現代の経営』）と、すべての層が相手とコミュニケートし、提案をし、意思決定をしていくためのベースとなる論理的思考力（バーバラ・ミント『考える技術・書く技術』）に加え、経営に必要な３つの資源「ヒト・モノ・カネ」に関する５つの必須領域と、それらの資源の活用方法にまつわる配分と方向性を決める戦略に関する原典をマスターします。

巷にあふれているハウツー本的ビジネス書を読み慣れている人の中には、これらの体系書は難しいと感じる方もおられると思いますが、世界の主要ビジネススクールで学ぶエリートにとって、これらを学習する平均年齢は28歳前後といわれています。さらに著名なビジネススクールでもMBA入学には経営の知識は問わないため（論理的思考など思考力は必須）、多くのMBAにとっては、財務や会計など28歳で初めて体系的な学習を行ってはじめて学ぶものです。パソコンや英語と同様、最低限マスターしておくべき知識（スキル）ととらえ、この体系的な知識を踏まえて更なる応用を活かせるための基礎をこの段階で築いておきたいところです。

③ シニアスタッフ層

部長（シニアマネジャー〜ディレクター）レベル以上のマネジメント層がマスターすべき書籍を示しています。ジュニアスタッフ層がマスターすべきゼネラルマネジメントや論理的思考、ミドルスタッフ層がマスターすべき経営の各領域に関するバイブルに加え、経営の各領域を更に細分化し、個別の研究やサーベイを中心とした発見や主張をもとにした書籍が含まれます。

このグループ向けの書籍の中には、ミドルスタッフ層向けの書籍よりも読みやすいもの（体系書ではなく、研究に基づいた発見を中心とした読み物）がいくつかあります。逆に言えば、ミドルスタッフ層向けバイブルのほうがはるかに網羅的で、かつ骨のある理論を中心としているはずです。しかし、あえてこのような順番をつけているのは、各領域の中でもさらに細分化された研究や面白い事実を中心とした興味深い議論を考える前の段階で、多少面白みに欠けたとしても体系的な定番をまずマスターすることが重要だからです。すぐに各論を深く理解したり、個別戦略を理解したくなる衝動を抑え、このシニアスタッフ層向けに挙げた各書を学ぶ前の段階でしっかりと「体系的なマネジメントの理解」を深めることをお薦めしています。まず、基礎となるマネジメントの各領域のそれぞれを体系的に身につけたうえで個別戦略としての名著を読むことで、理解度と現場における応用力が格段に変わることでしょう。

＊注

各バイブル紹介の最初のページ下段「キャリア職位別分類」欄に記載されているマークの意味は以下のとおりです。

◎最もふさわしい読書対象者

○すでに読んでいることが必須

△読んでいることが望ましい

第1章
ゼネラルマネジメント

ドラッカー『現代の経営』(上・下)

グラッドウェル『第1感』

フェファー&サットン『なぜ、わかっていても実行できないのか』

ベイザーマン『バイアスを排除する経営意思決定』

アグゼル&ソウンデルパンディアン『ビジネス統計学』(上・下)

アリエリー『予想どおりに不合理』

大前研一『新装版　企業参謀』

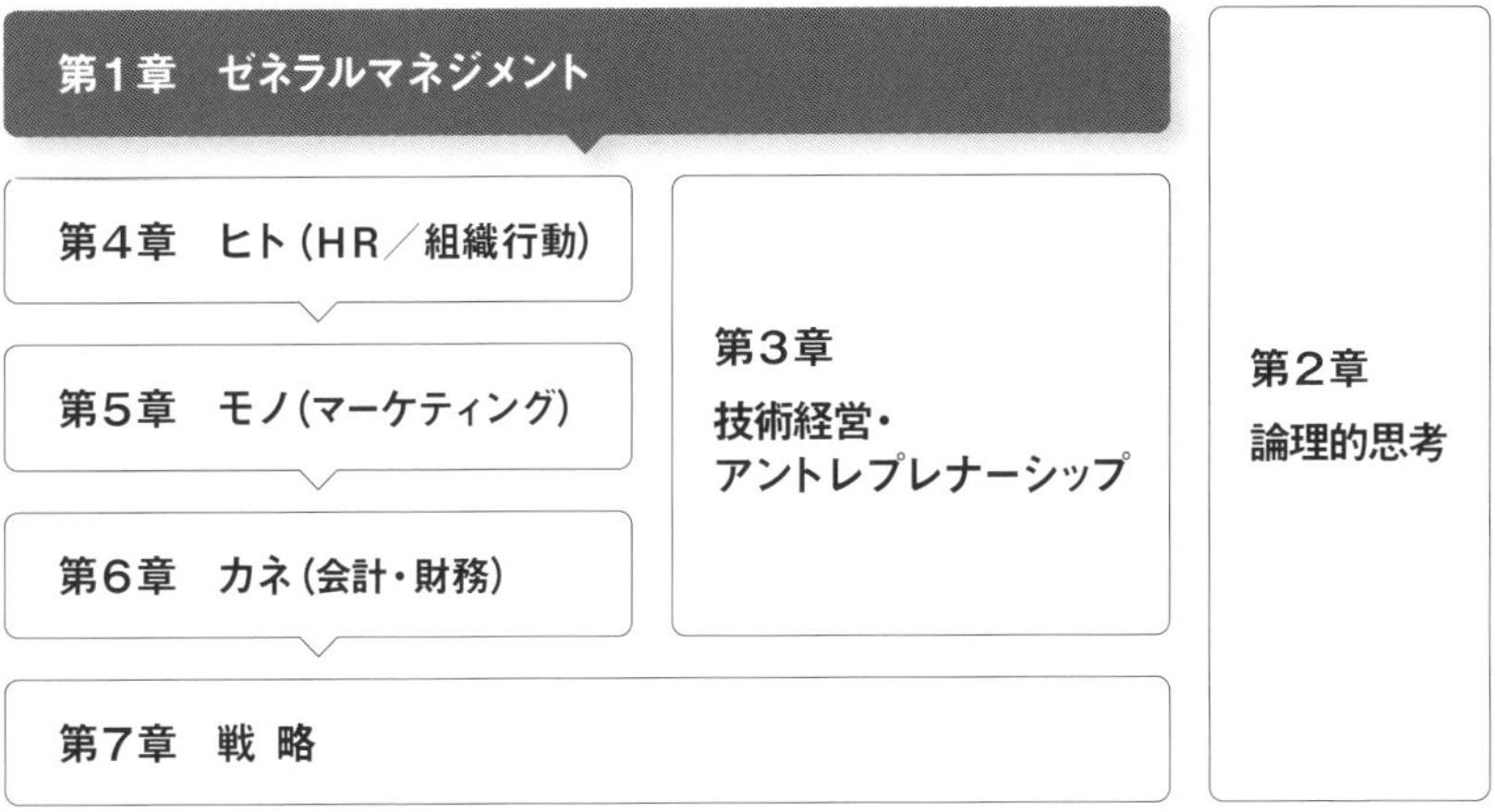

ゼネラルマネジメント必須の体系書

『現代の経営』（上・下）

THE PRACTICE OF MANAGEMENT

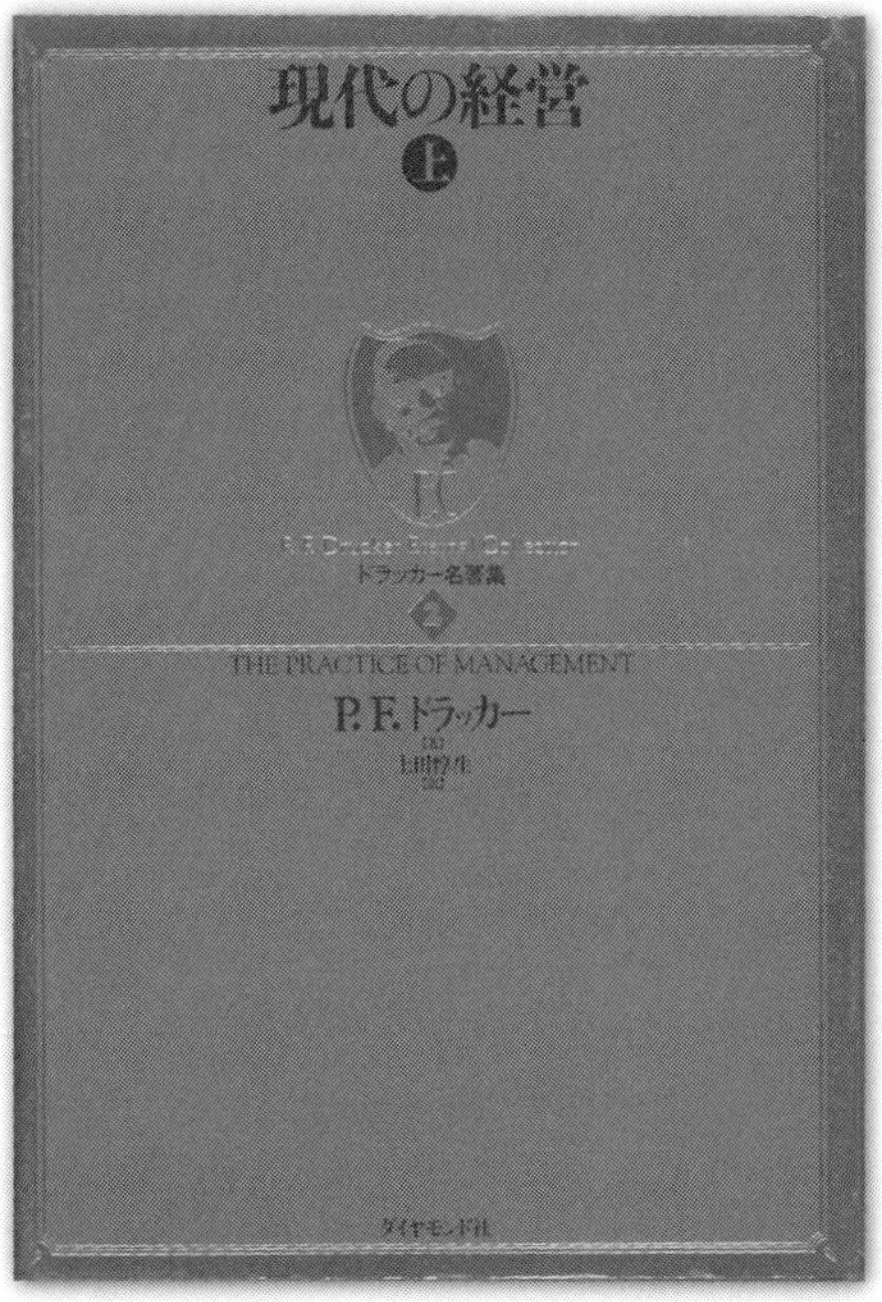

P.F.ドラッカー（著）

上田 惇生（訳）
ダイヤモンド社刊（ドラッカー名著集 2、3）
本体価格　各 1,800 円

Keyword【キーワード】

① ゼネラルマネジメント
② リーダーシップ
③ 意思決定

機能別分類

ゼネラルマネジメント	◎
論理的思考	
技術経営・アントレプレナーシップ	○
ヒト（HR／組織行動）	○
モノ（マーケティング）	
カネ（会計・財務）	
戦略	

キャリア職位別分類

初級者	中級者（マネージャー）	上級者（シニアマネージャー）
◎	○	○

読み継がれている理由

『エクセレント・カンパニー』の共著者トム・ピーターズをして、「私たちが書いたことはすべて、ドラッカーの『現代の経営』に書かれている」と言わしめた名著。

「経営学の祖」と仰がれるようになったドラッカー経営学の原点であり、経営の入門書として必ず挙げられる１冊。初版は１９５４年に出版され、「経営を独立した機能としてとらえた世界初の書」として認識されている。第２次世界大戦後の工業化がますます進んでいく時点ですでに、「知識により付加価値を生み出すナレッジワーカー（知識労働者）が求められてくる」ことを予言していた。この驚異的な洞察力こそ、彼が「預言者」と呼ばれる所以である。

それまでにも、エルトン・メイヨーやアンリ・ファヨル、そしてフレデリック・テイラーら経営に関連した領域を扱う学者は存在したが、経営を１つの専門プロフェッションとして体系的にまとめたのは本書が初めてと言われている。

原著『THE PRACTICE OF MANAGEMENT』（初版 1954 年）

要旨

序章で「マネジメントとは何か」について定義した上で、マネジメントの3つの機能（①事業のマネジメント、②経営管理者のマネジメント、③人と組織のマネジメント）を説明し、最後にそれらの統合として「マネジメントの意思決定」について述べている。

ドラッカー経営学の真髄は、意思の入らない理論ではなく、〝共感できる〟本質とともに、「マネジメントの体系」を我々に教えてくれることだろう。

たとえば、「事業目標」という言葉ひとつをとっても、単なる事業戦略構築プロセスの1つとして挙げられているだけでなく、この「事業目標」を設定するために〝何か1つの視点だけ〟を設定してしまうことは、「幾多の害毒を流し、多くの人々を誤り導いてきた」と意思の入らない決定に警笛を鳴らしている。

実際、「たとえば、事業の目標として利益だけを強調することは、経営担当者たちを誤らせ、ついには事業の存続を危うくすることにもなる。利益だ

著者プロフィール≫

ピーター・F・ドラッカー（Peter F. Drucker）
アメリカのクレアモント大学院大学（ドラッカースクール）教授。1909年ウィーン生まれ。フランクフルト大学卒。1944にGMよりトップ・マネジメントの研究を委託され、1946年『会社という概念』に結実。著書多数。90才を越えてもなお旺盛な教職活動や執筆活動を行った。2005年死去。

けを強調すると、経営担当者たちは往々にして目の前の利益のみに意を用いて事業の将来性を無視する」と述べている。

このようなドラッカーの指摘は、一見〝あたりまえ〟の主張にも聞こえる。しかし、いざ目の前で社内外の評価や指標が掲げられた上で、果たしてそのような短期的評価の誘惑に負けずに意思決定できる経営者が実は少数派であることは、これまで国内外で起こってきた様々な企業の不祥事事件が物語っている。また、事件にならなくても、本来長期的な視点で事業に投資すべきお金を配当に回したり、短期的な目的で〝種まき事業〟を譲渡するなど、四半期開示とそれに伴う株価の動向に盲目的となり、結果として企業価値を毀損してしまった企業も多い。

ドラッカーのメッセージによると、たとえば、目標設定をする際に、ただ1つの領域ではなく、以下の8つの領域それぞれについて検討し、体系的に整合性のとれるように目標を立てるべきとしている。

①市場における地位
②革新性
③生産性

④物的資源および財源
⑤収益性
⑥経営担当者の能力と育成
⑦労働者の能力と態度
⑧社会的責任

また、ドラッカーは「個別の担当者や具体的スケジュールの入らない計画や目標は単なる〝希望的観測〟にすぎない」と断言する。具体的な担当者やスケジュールが入ってはじめて実現可能な目標になるなど、考えてみると共感するが実際にはできていないということや、日々理解しているつもりでも確実に実行できていないことに多くの気づきを与え、読者に「行動を変革させよう」というモチベーションを与えてくれる。

本書の第1章「マネジメントの役割」冒頭に掲げられた「マネジメント（経営管理者）は、事業に命を吹き込むダイナミックな存在である。そのリーダーシップなくしては、生産資源は資源にとどまり、生産はなされない」というドラッカーの言葉どおり、現代に溢れる様々な経営理論が空虚に思えるほど、魂の入った経営学を教えてくれるドラッカー経営学の原典と言える書である。

重要なメッセージ

◆事業の目的として有効な定義はただ1つである。それは、顧客を創造することである。

◆今日企業が必要としているのは、個々人の力と責任に広い領域を与えると同時に、彼らの志や努力に共通の方向を与え、チームワークを打ち立て、個人的目標と共通の利益とを調和せしめるような「経営原理」である。これらのことをよく成し遂げられるのは、目標設定と自己統制とによる経営しかないであろう。

◆どんな愚かな人でも予算を守ることはできる。しかし守るだけの予算を立てられる人はめったにいない。

◆マネジメントは事業体に特有の機関であり、経済的な機関である。組織の活動には、多様な非経済的な成果がある（従業員の幸福、コミュニティへの貢献等）。しかし、経済的成果をあげられないなら、そのマネジメントは失敗である。

◆マネジメントは、①事業のマネジメント、②経営管理者のマネジメント、そして③人と仕事のマネジメントという3つの機能からなる。

❶「事業のマネジメント」

マーケティングとイノベーションによって、顧客を創造する活動である。したがって、事業のマネジメントは、官僚的・管理的な仕事ではなく、企業的でなくてはならない。また、環境適応的な仕事ではなく、創造的な仕事でなくてはならない。さらに、マネジメントは業績のみによって評価される意識的な活動でなくてはならない。企業は行っている事業・行うべき事業をうまくマネジメントしなければならない。もちろんその事業は営利、非営利を問わない。

❷「経営管理者のマネジメント」

経営管理者をマネジメントし、人的・物的資源を使って生産的な企業をつくることである。企業は、その構成要素である資源の合計よりも大きい存在であり、投入されたものよりも大きいものを産出することのできる有機的存在である。このように資源に変化をもたらすものが、マネジメントなのである。しかも、我々の利用できる様々の資源の中で成長と発展を期待できるものは人間だけであり、したがって経営管理者は企業にとって最も高価な資源なのである。企業は経営管理者のチームを用いて自らマネジメントする。経営管理者のマネジメントは資源を活かすことである。

❸「人と仕事のマネジメント」

企業では仕事が行われる。そして仕事を行うのは、様々な技能を持ち、質の異なる人である。現代のように「知識」が人的資源の中心を占めるようになれば、人とその仕事をマネジメントすることが企業にとって重要なものとなる。

マネジメントの３つの機能 → マネジメントの総合性

(1)事業のマネジメント

第Ⅰ部　事業のマネジメント

第4章　シアーズ物語
第5章　事業とは何か
第6章　われわれの事業は何か
第7章　事業の目標
第8章　明日を予期するための手法
第9章　生産の原理

(2)経営管理者のマネジメント

第Ⅱ部　経営管理者をマネジメントする

第10章　フォード物語
第11章　自己管理による目標管理
第12章　経営管理者は何をすべきか
第13章　組織の文化
第14章　CEOと取締役会
第15章　経営管理者の育成

(3)人と組織のマネジメント

第Ⅲ部　マネジメントの組織行動

第16章　組織の構造を選ぶ
第17章　組織の構造をつくる
第18章　小企業、大企業、成長企業

第Ⅳ部　人と仕事のマネジメント

第19章　IBM物語
第20章　人を雇うということ
第21章　人事管理は破綻したか
第22章　最高の仕事のための人間組織
第23章　最高の仕事への動機づけ
第24章　経済的次元の問題
第25章　現場管理者
第26章　専門職

マネジメントの意思決定

第Ⅴ部　経営管理者であることの意味

第27章　優れた経営管理の要件
第28章　意思決定を行うこと
第29章　明日の経営管理者

結論　マネジメントの責任

『現代の経営』（上・下）目次　体系マップ

マネジメントの定義

序論　マネジメントの本質

第1章　マネジメントの役割
第2章　マネジメントの仕事
第3章　マネジメントへの挑戦

企業の3つの側面

①経済的な成果を生み出す機関

②人を雇用、育成し、報酬を与える人間的・社会的組織

③社会やコミュニティに根ざし、公益を考える社会的機関

※序論～第Ⅱ部……上巻
第Ⅲ部～結論……下巻

人間の理屈を超えた〝何か〟について記した書

『第1感』

「最初の2秒」の「なんとなく」が正しい

Blink The Power of Thinking Without Thinking

マルコム・グラッドウェル（著）
沢田 博＋阿部 尚美（訳）
光文社刊
本体価格　1,500円

Keyword【キーワード】

① 適応性無意識
② ゼネラルマネジメント
③ 思考法（創造・戦略）

機能別分類

ゼネラルマネジメント	◎
論理的思考	◎
技術経営・アントレプレナーシップ	
ヒト（HR／組織行動）	
モノ（マーケティング）	
カネ（会計・財務）	
戦略	

キャリア職位別分類

初級者	中級者（マネージャー）	上級者（シニアマネージャー）
◎		

読み継がれている理由

いわゆる第六感（シックス・センス）でなく、理屈以前の瞬間的なひらめきを適応性無意識「第1感」とし、それを解説した書籍。直感的な無意識の状態では、不必要な情報は捨てて、重要な情報に集中した「輪切り」による結論を出せることがある、と述べている。しかし、その「輪切りの力」を発揮するためには、普段から経験や訓練を積まねばならない。全米で連続50週間ベストセラーとなり、世界34カ国で翻訳された書。

要旨

本書は心理学で最も重要で新しい研究分野のひとつ、「適応性無意識」と呼ばれる領域に関する研究をまとめた書である。「適応性無意識」を示す例として、冒頭はこのようなエピソードで始められている。

紀元前6世紀に作られたというギリシャ彫刻の大理石像「クーロス像」が、ある美術商によって、カリフォルニア州のゲッティ美術館に持ち込まれた際、

原著『Blink - The Power of Thinking Without Thinking』（初版 2005 年）

美術館ではこの像の真偽鑑定のため、14カ月かけて科学的な分析を含む徹底的な調査を行った。

その結果、同像は数百～千年以上前の作品であることが確認できたため、同美術館はクーロス像を購入するに至った。しかしながら、美術史や彫刻に詳しい専門家たちはこの像を見た瞬間に、「どこかおかしい」とか、「新しい」（2000年以上も前のものであるはずなのに）と感じていた。

もっとも、そのように感じた理由を彼らは言葉では「うまく説明することができなかった」という。つまり、どこがおかしいかは明示できないものの、まさに、「直感」で「どこかおかしい」と感じていたわけである。

再調査の結果、現在ではこの像は近年に作られた「模造品」だとみなされている。

このように一瞬にして真偽を見分けることができるような（一気に結論に達する）脳の働きを「適応性無意識」と呼ぶ。つまり、意識が思考して正しいと判断する前に、正解を直観するひらめき能力のことだ。

そして、そのときの適応性無意識による判断時間はおよそ「2秒」に過ぎない。その瞬時の判断により経験のある専門家は熟考を必要としないといわ

著者プロフィール≫

マルコム・グラッドウェル（Malcom Gradwell）
1963年イギリスに生まれ。カナダ・トロント大学トリニティカレッジ卒。「ワシントン・ポスト」紙のビジネス、サイエンス担当記者を経て、雑誌「ニューヨーカー」の専属ライターとして活躍。これまでの著書はいずれも世界で200万部を超える大ベストセラーになっている。

れる所以か、状況の輪切りで正しく判断ができるものとしている。

しかしながら、「ロジック」でなく、「勘や経験」で答えを導く風土に警笛を与えられている今日と「どう整合性がつけられるのか」と疑問を抱く読者はたくさん存在するだろう。そして、それに対する本書のコメントは「専門家の第1感は役立つことが多いが、一般人の第1感はだまされやすいものでもある」ということ。つまり、専門家の第1感は訓練に基づくものである、ということだ。

実際、見た目や、もっともらしさ、考えすぎにより、とんでもない間違った決断をしてしまうことは誰にでもある。そうならないためにも、美術商の例では、こまめに直観をメモしていき、その判断が正しいものかそうでないものかを訓練しているという。

重要なメッセージ

◆良好な第一印象形成を意識せよ！
いったん形成された無意識レベルの認識は根強く記憶に残るという。たとえば、医療訴訟に巻き込まれる医師は、それを経験したことない医師に比べて平均診察時間が短かく、医師と患者のコミュニケーションがうまくいかないケースが多い（患者は医師に対して「あの医者は話も聞いてくれなかった」と主張することが多い）という。

◆膨大な参考資料に瞬時の判断力を鈍らされるな！

ある救急医療の現場で「心筋梗塞の診断」を調査したという。その際、診断チャートを用いて、機械的に診断を進めていった場合と、医師の技量に任せて診断を進めた場合を比べると、結果は、診断チャートを用いた判断の方が的確であった。忙しい救急の現場で「時間に追われながら的確な診断をする」ということが、いかに難しいかという事実を示している。そのため、医療界では、どのような状況でも、どのような医師でも診断や治療に偏りがでない均質な医療を提供するためのエビデンス（根拠）に基づいた医療が追求されている。

◆誤った無意識と適応性無意識を区別せよ！

米国大企業500社を調べたところ、男性CEOの平均身長は182センチで、全米男性の平均は175センチだった。つまり、CEOの平均身長のほうが７センチも高い。背が１８２センチを超える人は米国男性の14・５％に過ぎないが、ＣＥＯでは58％である。１８８センチ以上の人は米国全体で３・９％であるが、ＣＥＯでは30％以上もいる。身長で昇進を決める制度を持つ会社など存在しないはずだが、結果は歴然。つまり、人々は無意識のうちに背の高い人をリーダーに選んでしまっている可能性が高い。

◆直観を逐一メモすることで誤った無意識による判断を避けることができる。

「理屈以前の瞬間的なひらめき
（2秒以内）」を研ぎ澄ます

『第１感』目次　体系マップ

適応性無意識「第１感」とは

- **少しの情報で本質をつかむ**
  第1章「輪切り」の力
- **理由はわからないが「感じる」直感**
  第2章 無意識の扉の奥
- **経験と環境から導かれる第一印象**
  第3章 見た目の罠
- **論理的思考が洞察力を損なう**
  第4章 瞬時の判断力
- **説明不可能な無意識の選択**
  第5章 プロの勘と大衆の反応
- **無意識を訓練する**
  第6章 心を読む力

「どうすれば行動を起こせるか」という課題に対する明快なガイドライン

『なぜ、わかっていても実行できないのか』

The Knowing-Doing Gap : How Smart Companies Turn Knowledge into Action

――知識を行動に変えるマネジメント――

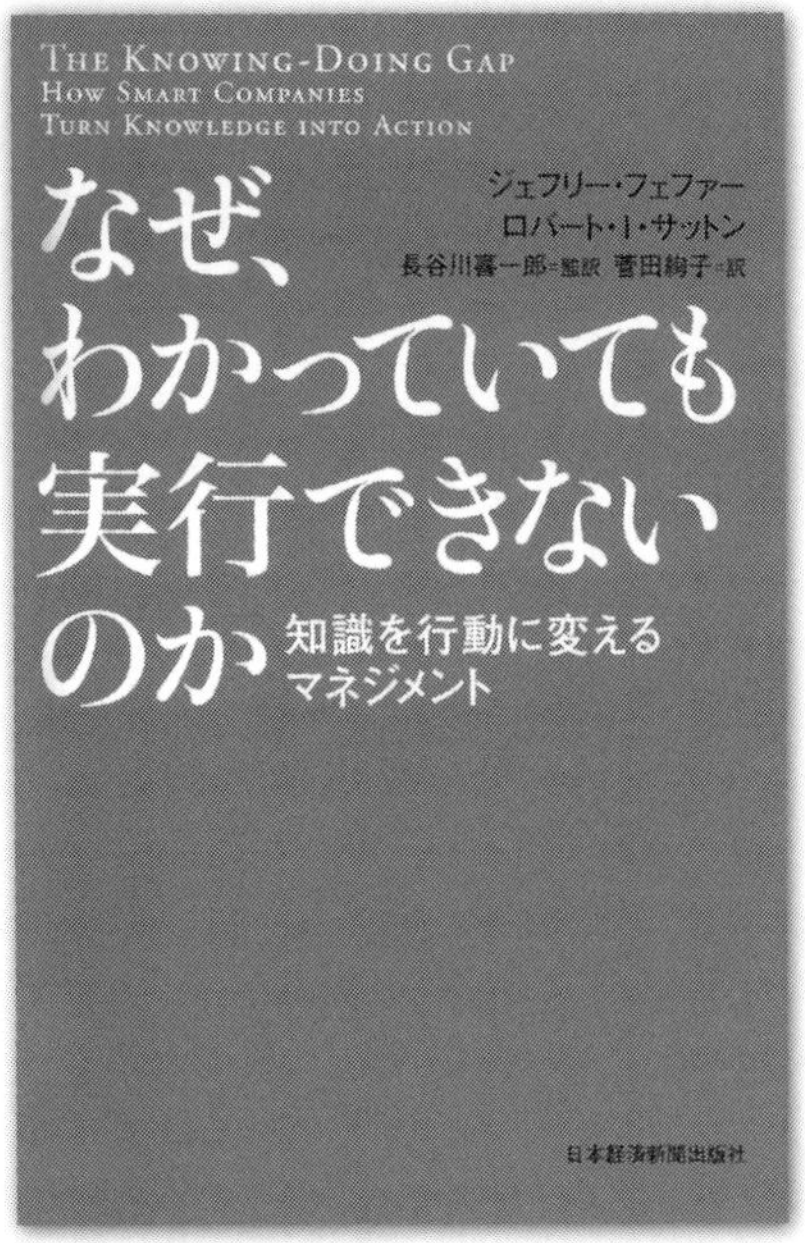

ジェフリー・フェファー＋ロバート・I・サットン（著）

長谷川 喜一郎（監訳） 菅田 絢子（訳）
日本経済新聞出版社刊
本体価格 1,800円

Keyword【キーワード】
① ゼネラルマネジメント
② 組織行動学
③ マネジメントコントロール

機能別分類

ゼネラルマネジメント	○
論理的思考	
技術経営・アントレプレナーシップ	
ヒト（HR／組織行動）	◎
モノ（マーケティング）	
カネ（会計・財務）	
戦略	

キャリア職位別分類

初級者	中級者（マネージャー）	上級者（シニアマネージャー）
	◎	

読み継がれている理由

体系的に組織行動領域を扱うバイブルがポール・ローレンス（ハーバード・ビジネススクール）の組織行動学とすれば、本書は多くの企業で大きな課題となっており、日々どの組織でも見られる「知識（設計・計画）と実行のギャップ」に焦点を絞って、成功・失敗事例を掘り下げられた実践的な書と言える。

組織行動論の世界的権威であるジェフリー・フェファーとロバート・I・サットンが、4年間にわたる調査に基づいて、この知識と行動のギャップが生まれる5つの原因を探る。そして、あらゆる組織が直面する「どうすれば行動を起こせるか」という課題に明快なガイドラインを示す。

日本語版は、2000年に『変われる会社、変われない会社』のタイトルで流通科学大学出版から、2005年に『実行力不全　なぜ知識を行動に活かせないのか』のタイトルでランダムハウス講談社から出版されていたが、2014年より現在のタイトルで日本経済新聞出版社から復刊されている。

原著『The Knowing-Doing Gap：How Smart Companies Turn Knowledge into Action』（初版2000年）

要旨

「知識を吸収するチャンスは山ほどある。コンサルタントを雇うこともできる。ビジネス書は巷にあふれかえっている。それなのに、マネジャーや組織のやり方はいっこうに変わらない。これはいったいどうしてなのか?」

「多くのマネジャーが経営手法をよく知っており、業績を上げるためのノウハウについて気のきいた言葉を口にする。努力も惜しまない。それなのに、その反対の行動ばかりする企業の中で彼らは身動きがとれなくなっている。なぜだろう?」

このシンプルでどこにでも見られる課題をベースに、知識を活用できない組織の「知識」と「実行」のギャップを分析したのが本書だ。

毎回同じ結論が導かれることをわかっていながら、複数のコンサルティング会社に同様のコンサルティングを依頼する。しかし、結果はほぼ同様。要は、問題なのは分析結果ではなく、「実行」と「改革」だということである。

この事例にかかわらず、多くの企業における問題は「実行段階」にあると言える。本書は「企業はなぜ知識を行動に変えられないのか?」「この問題

著者プロフィール≫

ジェフリー・フェファー（Jeffrey Pfeffer）スタンフォード・ビジネススクール教授（組織行動論）。1946年生まれ。カーネギー・メロン大学で理学士号と理学修士号を、スタンフォード大学で経営学博士号を取得後、イリノイ大学教授、カリフォルニア大学バークレー校教授、ハーバード・ビジネススクール客員教授を歴任。

を克服した企業はどのような手段を用いたのか？　なぜそうしたのか？」という重要な問題を扱い、多くの「知識と行動のギャップ」に関する失敗事例、成功事例を紹介する。

最終的には、「行動するその人自身が考え、行動するしかない」。つまり、自分自身が考えて実行へ移す必要がある。管理職はもちろん、一般社員レベルの読者もそのことを認識し、「実行力」を改善するきっかけとして本書を活用することで、「当事者意識」レベルを数段向上させ、１８０度視点を変えることができるだろう。

重要なメッセージ

◆決定しただけでは何も変わらないことを認識せよ！

話し合いの結果を実際に行ったかどうかを確かめるフォローアップが行われないと何も変わらない。計画立案や各種会議、レポート作成など、それ自体が重要な作業になってしまうと、実際の行動には何の影響も与えていないことになる。話し合いや社訓も事実だが、社内で実行されているかどうかは

著者プロフィール≫

ロバート・I・サットン（Robert I. Sutton）スタンフォード・エンジニアリングスクール教授（組織行動論）。同スクール職業・技術・組織研究センターディレクター、スタンフォード・テクノロジー・ベンチャー・プログラム研究所所長を兼務。1954年生まれ。ミシガン大学で組織心理学博士号を取得。カリフォルニア大学バークレー校ハース・ビジネススクールでも教鞭を執った経験を持つ。

別問題である。

◆実行力と発言力の違いを理解せよ！

実行力よりスマートな発言が評価されたり、発言が多いことが仕事ができることだと誤解される傾向がある。社内のステータスもそれらや物事を批判したりすることで決まることがある（インフォーマルリーダー）。

◆上司は悪い知らせを伝えた人をほめ、見返りを与え、昇進させる。

◆行動しないことだけが本当に深刻な失敗である。行動して成功しなかったことではなく、行動しなかったことを罰するべきである。

◆リーダーも率先して自分の失敗を語る。特に、失敗から学んだことを話す。

◆オープンなコミュニケーションを推奨する。

◆人々に第二（第三）のチャンスを与える。

◆人に恥をかかせる人、特にリーダーは追放する。

◆間違いから学ぶ。特に何か新しいことに挑戦したときの誤りは貴重な体験として推奨する。

◆新しいことに挑戦した人を罰してはいけない。

◆実行（実現可能性）上、何がベストかを考えよ！

複雑な用語やアイデア、プロセス、構造などが、単純なものよりもよいと考えられている傾向がある。真に重要なことは、シンプルな階層の組織に、シンプルなメッセージで戦略を唱え、業績を評価する２、３の重要評価項目といったシンプルでストレートな内容である。

実行力不足を解消する方法

成功事例から学ぶ

第７章　知識と行動のギャップを乗り越えた企業
　知識を伝え、活用する（ブリティッシュ・ペトロリアム）
　経営統合を成功させる（バークレイズ・グローバル・インベスターズ）
　よいと思ったことを実行する（ニュージーランド・ポスト）

ポイントから学ぶ

第８章　行動を起こすためのガイドライン
　知識を行動に変える８つのポイント

　付録　知識と行動の調査

『なぜ、わかっていても実行できないのか』目次　体系マップ

実行力不足の全体像

知識と行動のギャップとは

第１章　知識は、実行しなければ価値がない

机上の空論だけで行動に移せない原因

第２章　原因①　問題を話し合っただけで仕事をした気になる
第３章　原因②　過去のやり方にこだわりつづける
第４章　原因③　部下を動かすために恐怖をあおる
第５章　原因④　重要でないことばかり評価している
第６章　原因⑤　業績を上げるために競争させる

ビジネススクールで使用されている意思決定論の教科書

『バイアスを排除する経営意思決定』

Judgment in Managerial Decision Making

ビヘイビヤラル・ディシジョン・セオリー入門

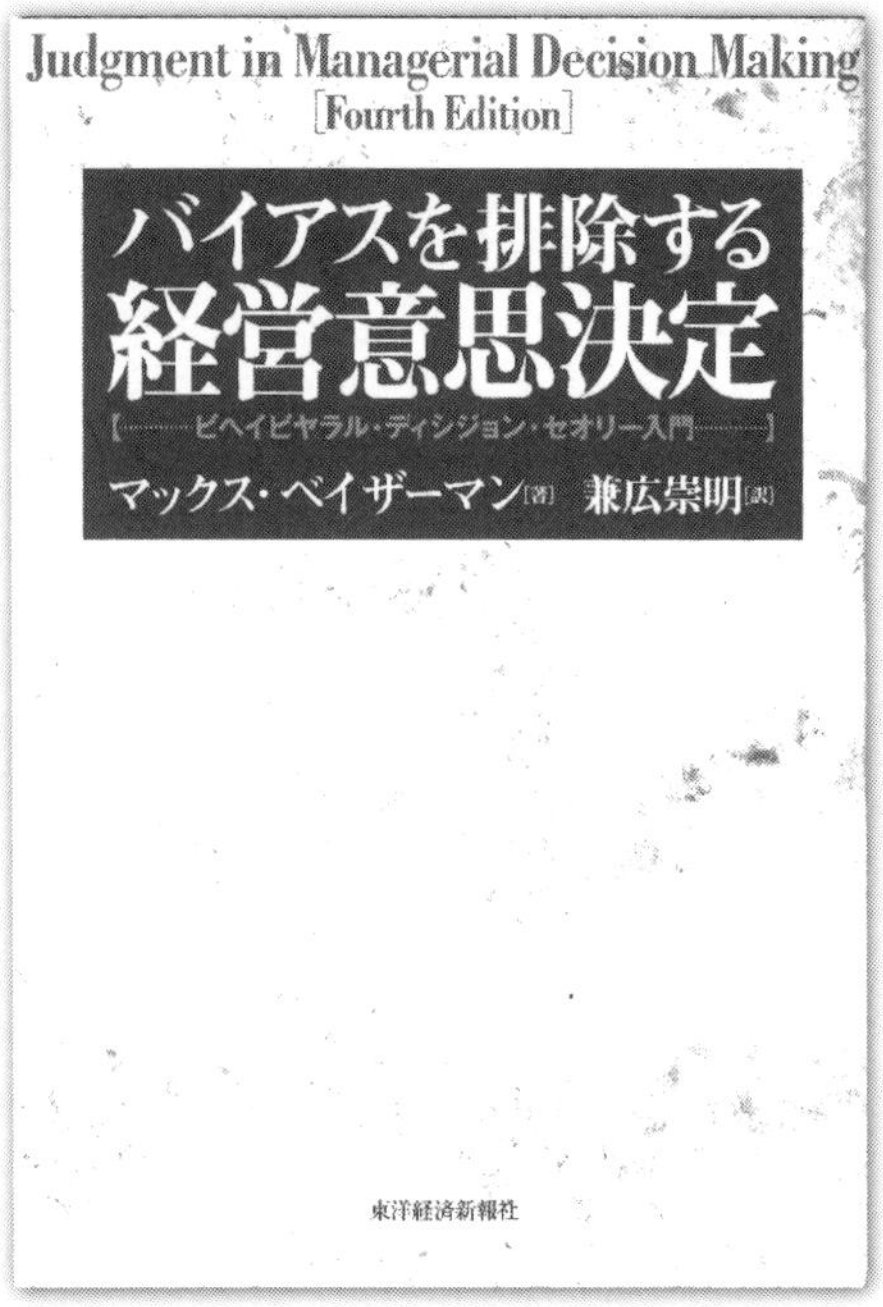

マックス・ベイザーマン（著）

兼広 崇明（訳）
東洋経済新報社刊
本体価格　2,800円

Keyword【キーワード】

① 戦略思考
② 意思決定
③ バイアス

機能別分類

ゼネラルマネジメント	◎
論理的思考	◎
技術経営・アントレプレナーシップ	
ヒト（HR／組織行動）	
モノ（マーケティング）	
カネ（会計・財務）	
戦略	

キャリア職位別分類

初級者	中級者（マネージャー）	上級者（シニアマネージャー）
		◎

読み継がれている理由

意思決定の領域は広く横断的なアプローチが必要である。なぜなら、意思決定に影響を与える要因は複数存在し、統計学や哲学、経済学、政治科学、心理学など横断的かつ学際的な把握が必要だからである。たとえば、交渉術ひとつとっても、その実施には感情を持つ人同士のコミュニケーションと利害を踏まえた意思決定が関わる。

本書はそのような前提に基づいた、経営の意思決定論についての書である。リスク管理、マーケティング、公正性や多重自己の問題、交渉、ゲーム理論など多岐にわたる事例によって構成されている。

要旨

意思決定の分野は2つに大別されるという。ひとつは規範モデルで、もうひとつは記述モデルである。前者が合理的に最適な決定に関心を寄せるのに対し、後者は実際に意思決定が行われる場合（完全に合理的な情報は得られ

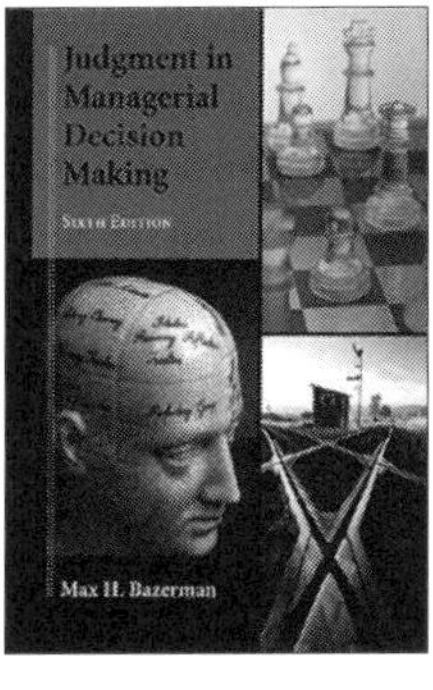

原著『Judgement in Managerial Decision Making』（初版 1992 年）

ない前提で）の限定のありように関心を寄せるという点で異なる。

本書のアプローチは、日々数百もの意思決定を行うマネジャーにとって、ハードな（システマチックで時間のかかる）データに基づいて完全に合理的な意思決定に時間を費やすことは現実的でなく、実際には前提に基づいて次善策に近い意思決定を行うべき（後者）という視点に立っている。

本書は、「個人の意思決定」に関して（第2章〜第6章）と「複数のグループがある場合の意思決定」（第7章〜第9章）の大きく2部構成になっており、第10章で本書全体を要約している。

個人の意思決定のパートでは、判断に影響を与える「バイアス」について代表的な13の例や、マネジャーが合理性から逸脱する原因となる不確実性に対する反応（リスクがある場合の意思決定）、意思決定後の正当化による最適でない決定を促す事例（エスカレーション）など、日々陥りやすい状況について詳述する。

一方、「複数のグループがある場合の意思決定」のパートでは、交渉時の意思決定（両者のグループの利得が最大になる決定：ゲーム理論）や、交渉時の判断ミス、交渉時に発生するバイアスを取り除くことで利得を得られる

著者プロフィール≫

マックス・ベイザーマン（Max H.Bazerman）
ノースウェスタン大学ケロッグ経営大学院教授で、担当は意思決定論、ネゴーシエーション。1955年生まれ。意思決定論や紛争解決、環境問題に関する多数の論文を発表している。

状況、多数のグループがある場合の個人の判断などを説明している。
本書のまとめでは、最終的な結論として、意思決定を改善させるため、
①専門知識を獲得する
②脱バイアス化
③線形モデルの活用
④直感的な予測の調整
という4つの戦略を評価し、将来の意思決定が永続的に改善される方法についてシンプルに提案をしている。

重要なメッセージ

◆完全に合理的な意思決定は存在しないが、重要な指針となる！
合理的な意思決定とは、
①完全に問題を定義し、
②すべての基準が判別でき、
③すべての基準が好みに従って正確にウェイト付けされ、

④関連のあるすべての代替案がわかり、
⑤各基準に基づいたそれぞれの代替案を正確に評価し、
⑥最も価値の高いとみられる代案を計算し、選択する

ことである。実際、そのような完全な合理性を持つことが困難であるからこそ、その落とし穴に気をつけて意思決定を行うことが重要。

◆経験則（ヒューリスティック）の全面活用はするな！

多くの経験則の活用は、意思決定に節約される時間の方が意思決定の質の損失よりも勝っているため頼りがちだが、質的な損失が節約された時間に勝っている事例も多く存在する。また、意思決定がヒューリスティックに基づくものかどうかを認識すらしなくなる場合、完全に意思決定の前提がわからなくなってしまう。

◆不確実性下の判断ではフレーミング効果を認識せよ

ある選択肢の判断を人が行う場合、その絶対的評価ではなく、自己の参照点（基準点）との対比において比較されるため、絶対評価とは異なる判断を導く可能性がある。

同一の選択肢であっても、選択者の心的構成（フレーミング）が異なると、

意思決定が異なってくる。0・001の確率で5000ドル失うのと、5ドルを確実に失う（保険コスト）のと、どちらを選択するかを尋ね、もうひとつの状況では0・25の確立で200ドル失うのと確実に50ドルを失う（または保険コスト）のとどちらを選ぶかを尋ねられると、2つの賭けの両方で確実な損失が選択された。その際、参照点は金銭的な損失としてフレーミングされるよりも、保険のプレミアムとしてフレーミングされたほうが魅力的である。

「全体の要約」

第10章　意思決定を向上する

『バイアスを排除する経営意思決定』目次　体系マップ

意思決定

- **規範モデル**　（必要な情報に基づいて行う合理的で最適な意思決定）
- **記述モデル**　（すべての情報を持ち得ない中での次善策的意思決定）

　　↑ **本書のテーマ**

「個人の意思決定」

第１章　経営意思決定入門
第２章　バイアス
第３章　不確実性下の判断
第４章　非合理的なコミットメントのエスカレーション
第５章　意思決定における公正性
第６章　動機づけされたバイアス

「複数のグループがある場合の意思決定」

第７章　２つのグループの合理的意思決定
第８章　ネゴシエーターの認知
第９章　複数グループの意思決定

ビジネスにおける統計活用のバイブル

『ビジネス統計学』（上・下）

Complete Business Statistics

アミール・D・アグゼル＋ジャヤベル・ソウンデルパンディアン（著）

鈴木 一功（監訳）
手嶋 宣之＋原 郁＋原田 喜美枝（訳）
ダイヤモンド社刊
本体価格　各 4,200円

Keyword【キーワード】

① ゼネラルマネジメント
② マーケティングリサーチ
③ 統計分析
④ 意思決定

機能別分類

ゼネラルマネジメント	◎
論理的思考	
技術経営・アントレプレナーシップ	
ヒト（HR／組織行動）	
モノ（マーケティング）	◎
カネ（会計・財務）	
戦略	

キャリア職位別分類

初級者	中級者（マネージャー）	上級者（シニアマネージャー）
		◎

読み継がれている理由

統計学といえば、日本では理系の学問というイメージが強く、苦手意識を持つ文系ビジネスパーソンも多い。しかし、様々なデータを読み解き、そこから企業戦略を考えるために統計学の知識は不可欠である。実際、欧米のビジネススクールのほとんどで統計学は必修科目になっている。

本書は、統計が利用されるビジネスの場面とその活用方法が体系的にまとめられているバイブル。表計算ソフトのExcel等を用い統計を求める方法を幅広い事例やケーススタディによる課題で説明しているなど、数式の羅列に終始する学問的な「統計学」とは一線を画す。

要旨

ビジネススクールの必修基礎科目として存在する統計学の中でも、学問的な数式等に終始する類のものではなく、明確にビジネス界における活用を目的とした実用的かつ体系的なバイブルとして多くの欧米主要スクールで利用

原著『Complete Business Statistics』(初版1989年)

されている。

もともと統計学は経済学（マクロ、ミクロ）などと同様、生産管理（オペレーションマネジメント）やファイナンスにおけるリスク評価、マーケティング上のターゲットセグメンテーションの設計など、非常に応用範囲が広い必須科目の一つとされていたが、理系出身者にとっての会計学と同様、文系出身者にとっての統計学やオペレーションズリサーチはビジネススクールに入学して苦労することの多い科目の代表的な一つとなっている。

その幅広い活用用途を持つ統計学で、最も重要性の高い活用場面は、経営戦略策定時や戦術・施策レベルの重要な意思決定を行う際に必要となる統計処理や、統計のまやかしなどに惑わされず正しい状況の把握などを行う際だろう。

本書ではこのような統計処理に必要な統計的手法（基本的統計量や相関、クロス集計、多変量解析など）、確率論的手法（2項分布、正規分布、t分布、χ2乗分布など）とともに、経営科学の諸問題への適用とその解法について学ぶことができる。本書と類書の違いは前述のとおり、現場の運用を考えたExcelツールセットの説明や、豊富なケース問題と解答だ。下巻は上巻

著者プロフィール≫

アミール・D・アクゼル（Amir D.Aczel）ボストン大学科学哲学・歴史センター所属。カリフォルニア大学バークレー校にて数学を専攻。オレゴン大学で統計学の博士号を取得。CNNのコメンテーターや『The American Economist』などの雑誌に論文、記事も執筆。

で説明されている統計の基礎理論を実際の分析に活用している応用編となっている。

重要なメッセージ

◆分析のための分析にはまらない！

統計学は小手先のツールでなく、「企業戦略」を考えるために必須に前提となるデータ解析ツールである。意思決定を行うにあたって落とし穴となり得る（確認すべき）情報の前提は数多い。仮説検定などの適切な前提を押さえた上で、企業における重要な意思決定を実行するために因果関係を確認することができる。肥満と炭酸飲料の関係を解明した例のほか、私たちは「毎日のように、商品、サービス、投資機会、経営方法などを比較している」。

◆他人のデータ解釈に騙されてはいけない！

データ解析の結果は、正しい現実も誤った現実も導く。たとえば、ばらつき（variability）が大きい分布における平均値（mean）は意味をなさない→最頻値（mode）と中央値（median）とともに検証。また、スケールの異

著者プロフィール≫

ジャヤベル・ソウンデルパンディアン（Jayavel Sounderpandian）ウィスコンシン大学パークサイド校教授。ビジネス統計や生産管理論を講義。ケント州立大学にて修士号及び博士号取得。インドにて飛行機生産のエンジニアとして、7年の勤務経験もある

なるグラフなどの比較もまた受け手を騙すことがある。

◆計算式よりも「意味を理解」せよ！

たとえば、ばらつきを見る分散（variance）は観測値と平均値の差を2乗したものの平均であるが、2乗するのはマイナスの値などが含まれた場合、平均するとゼロになってしまうからである。一方、分散の平方根をとった標準偏差（standard diviation）を計算する理由は何か？ 同じばらつきの尺度である分散と標準偏差だが、分散は値からマイナスをなくすため2乗した数値（分散の程度を知る以外、その数値そのものには意味の持たないもの）であるが、その2乗を元に戻すため平方根を求めたものが標準偏差。一般的に統計学者は簡便的な分散を好み、実際の統計の利用者は解釈の容易な標準偏差を好むという。

◆統計結果の表示方法でメッセージが伝わる！

統計データの提示方法は一つでない。その方法による特性も異なる。

◆実務で紙に難解な数式を書いて統計を計算するな！

統計には数学がつきものだが、実務上はExcelで済む（本書においても全編を通して関数が入ったExcel画面が各章およびトピックごとに図解されている。Excel関数の説明だけを表記した書籍は多々あるが、ビジネスケースに沿って、Excel画面のテンプレートがその中の関数とともに示されている本書は秀逸である）。

ビジネス統計の応用

- 第10章　単回帰分析と相関
- 第11章　重回帰分析

　→ 法則性の発見プロセス
（変数1つの単回帰分析と複数変数の重回帰分析）

- 第12章　時系列、予測と指数

　→ 法則性の発見プロセス
（単回帰応用による将来の予測）

- 第13章　ノンパラメトリック検定とカイ二乗検定

　→ 分布に依存しない検定

『ビジネス統計学（上下）』目次　体系マップ

ビジネス統計の基礎知識

第０章　テンプレートの使い方	実践活用テンプレート
第１章　序論および記述統計	統計の基礎
第２章　確率	
第３章　確率変数	推測統計の基礎
第４章　正規分布	
第５章　標本と標本分布	推測統計における対象（標本）の把握
第６章　信頼区間	標本の信頼性・代表性担保プロセスの基礎
第７章　仮説検定	
第８章　２つの母集団の比較	標本の信頼性・代表性担保プロセスの実践
第９章　分散分析	

第０章～第８章……上巻
第９章～第13章……下巻

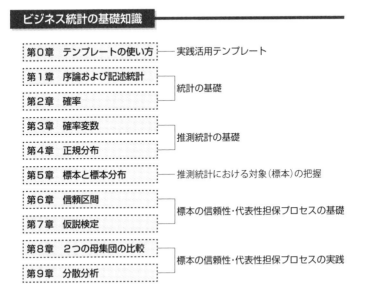

人間の不合理性から新たな対応を考えるきっかけを与えてくれる名著

『予想どおりに不合理』

——行動経済学が明かす「あなたがそれを選ぶわけ」

Predictably Irrational : The Hidden Forces That Shape Our Decisions

ダン・アリエリー（著）

熊谷 淳子（訳）
早川書房刊（ハヤカワノンフィクション文庫）
本体価格　900円

Keyword【キーワード】

① ゼネラルマネジメント
② 行動経済学
③ 意思決定

機能別分類

ゼネラルマネジメント	◎
論理的思考	
技術経営・アントレプレナーシップ	
ヒト（HR／組織行動）	
モノ（マーケティング）	
カネ（会計・財務）	
戦略	

キャリア職位別分類

初級者	中級者（マネージャー）	上級者（シニアマネージャー）
◎		

読み継がれている理由

正しい意思決定に必要な領域を追究する学問は多く存在するが、正しい（あるべき）答えがあっても、時に人は不合理な決断を行うものである。本書は、その「人の不合理さ」そのものを研究する「行動経済学」領域の第一人者の名著。第一人者だけに、代表的な実験を解説しているだけの類書と違い、著者自身の日常的な体験から始まり、すべて独自の視点で活き活きとした事例とともにまとめられている。

要旨

著者の行動経済学の原体験は18歳に遡るという。イスラエル軍の一兵士として、訓練中に全身の7割を火傷し、3年間におよぶ入院を余儀なくされた。看護師は苦痛の時間が短いので包帯を勢いよく剥がした方がゆっくりと剥がすよりも患者にとって良いだろう、と考えていた。しかし、実際はその逆であった。親切で職務の怠慢などのかけらもない素晴らしい看護師でも実際の

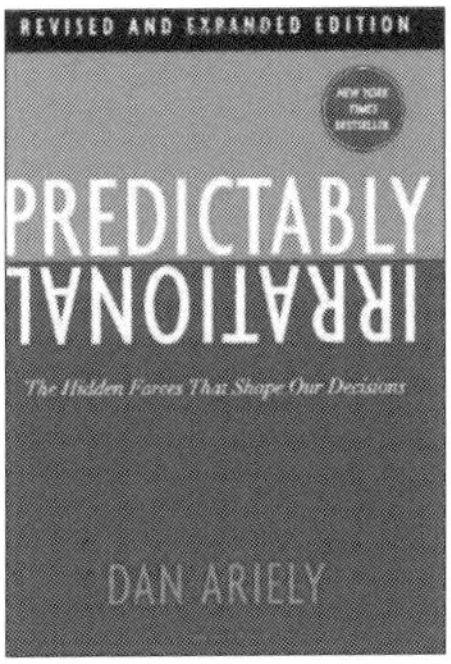

原著『Predictably Irrational：The Hidden Forces That Shape Our Decisions』（初版2009年）

合理的な処置の方法を持っていなかったということだ。

それ以来、「ダイエットを心に決めたはずがデザートを載せたカートが近づいてくるとその決意が消えてしまう」「特別必要でないものを、いつのまにか目の色を変えて買いあさっていた」「値段の安いアスピリンで治らなかった頭痛が、高いアスピリンで痛みが消えてしまう」などの日常的な事例から不合理の決断を行動経済学の研究として説明している。

これらの理解により、個人の生活や仕事などにまつわる疑問に対する答えを見つけられるだけでなく、それらの疑問に関連したより大きな諸問題に対する気づきとその大きな問題の解決への道を作ってくれるという。たとえば、アスピリンの問題ひとつでも、「自分の薬をどう選ぶか」にとどまらず、「健康保険の費用と効果」の問題にも関わっており、ダイエットの問題でも「衝動的にどか食いしたくなる仕組みを知ることは、人生の中で衝動的に下してしまうあらゆる決断（まさかのときのために貯蓄することも含め）にもかかわってくる」としている。

また、著者はこうも述べている。私たちは経済学で想定するよりもはるかに合理性を欠いている。そして、私たちの不合理な行動は「でたらめでも無

著者プロフィール≫

ダン・アリエリー（Dan Ariely）行動経済学研究の第一人者。デューク大学教授、MIT スローン経営大学院とメディアラボの客員教授を兼務。テルアビブ大学で心理学を学んだ後、ノースカロライナ大学チャペルヒル校で認知心理学の修士号と博士号、デューク大学で経営学の博士号を取得。ユニークな実験研究により2008 年度にイグ・ノーベル賞を受賞。

分別でもない。規律性があって、何度も繰り返してしまうため、予想もできる」。

心理的な要因や誘惑などの点で合理的ではあるが、不合理（最善ではない：完全に合理的ではない）な自分や他の個人や組織の決断や行動を振り返り、その答えから新たな対応を考えていけるきっかけを与えてくれる名著だ。

重要なメッセージ

◆相対性の連鎖を断ち切れ！

入社時には「10万ドルの年俸で喜んでいた」はずの自分も、30万ドルの年俸を得るようになったらもっと不満になった。それは、隣の同僚が31万ドルもらっているからだという。著者の友人はその解決法を挙げる。自分の人生と比較するまわりの円を大きくするのではなく、小さくすることだ。彼はポルシェのボクスターを売ってトヨタのプリウスを買ったという。その理由は「ボクスターを手に入れたら、次に911に乗りたくなる。その911を持っている人が乗りたがっている車は、フェラーリ」だから。

◆「タダ」のコストを考えろ！

食べ放題のブッフェでお腹がいっぱいにもかかわらず、無料の料理を何度もおかわりした経験がないだろうか？「無料」という価値は、単なる値引き以上の効果をもたらすのだ。また、選択もまた、同様に合理的な判断を失わせる。必要以上に高性能のコンピュータや、無駄な保証のついた家電がよく売れるのはこのためだ。

◆社会規範と市場規範を混同するな！

全米退職者協会は複数の弁護士に1時間30ドル程度の低価格で退職者の相談に乗ってもらえるよう依頼したがほとんどの弁護士たちに断られた。しかし、その後無報酬で相談に乗ってもらえるよう依頼し、圧倒的多数の弁護士が引き受けると答えたという。これは市場規範として通常のビジネスとして報酬の話になったため断られたが、お金の話抜きで困窮する退職者のためのボランティアとして社会規範を適用し進んで自分の時間を割く気になったということである。社会規範を市場規範と混ぜることも良くない上、社会規範と同等レベルのコミットメントを市場規範で得るには甚大なコストがかかることがある。

◆先延ばしの問題を自覚せよ！

予防医療のほうが治療による医療より個人的にも社会的にも費用対効果が大きいことは認識されているものの、問題が起こる前の定期検診を一時しのぎに先延ばしを繰り返す。規制を強く支持することもあれば、個人の自由を同じくらい支持することもあり両立しえない。たとえば、強制的な健康診断が受け入れられないにしても、自発的な締切り（先延ばしにペナルティが科される締切り）などにより問題が解決されることがある。ただし、まずは問題を認識し、その問題に対する決意表明を行うことも重要である。

◆私たちの品性について考えよ！～現金に対して正直～

賢いはずのエリートが会計で不正し、過去の日付に改ざんしたストックオプションを使う。しかし、この人たちが誰かの小銭を盗むような真似をするかと言えば、それはありえない。わたしたちは「現金から一歩離れたとたん、自分では想像できないほどの不正をしてしまう傾向」があることを自覚する必要がある。

1章　相対性の真相

なぜあらゆるものは―そうであってはならないものまで―相対的なのか

2章　需要と供給の誤謬

なぜ真珠の値段は―そしてあらゆるものの値段は―定まっていないのか

3章　ゼロコストのコスト

なぜ何も払わないのに払いすぎになるのか

4章　社会規範のコスト

なぜ楽しみでやっていたことが、報酬をもらったとたん楽しくなくなるのか

5章　無料のクッキーの力

無料!はいかにわたしたちの利己心に歯止めをかけるか

6章　性的興奮の影響

なぜ情熱はわたしたちが思っている以上に熱いのか

7章　先延ばしの問題と自制心

なぜ自分のしたいことを自分にさせることができないのか

8章　高価な所有意識

なぜ自分の持っているものを過大評価するのか

9章　扉をあけておく

なぜ選択の自由のせいで本来の目的からそれてしまうのか

10章　予測の効果

なぜ心は予測したとおりのものを手に入れるのか

11章　価格の力

なぜ1セントのアスピリンにできないことが50セントのアスピリンならできるのか

12章　不信の輪

なぜわたしたちはマーケティング担当者の話を信じないのか

13章　わたしたちの品性について　その1

なぜわたしたちは不正直なのか、そして、それについて何ができるか

14章　わたしたちの品性について　その2

なぜ現金を扱うときのほうが正直になるのか

15章　ビールと無料のランチ

行動経済学とは何か、そして、無料のランチはどこにあるのか

『予想どおりに不合理』目次　体系マップ

人間の性質や行動に基づく（合理的でない）経済活動の代表例

現在でも通用する普遍的な問題解決アプローチ

『新装版　企業参謀』

——戦略的思考とは何か——

The Mind of the Strategist

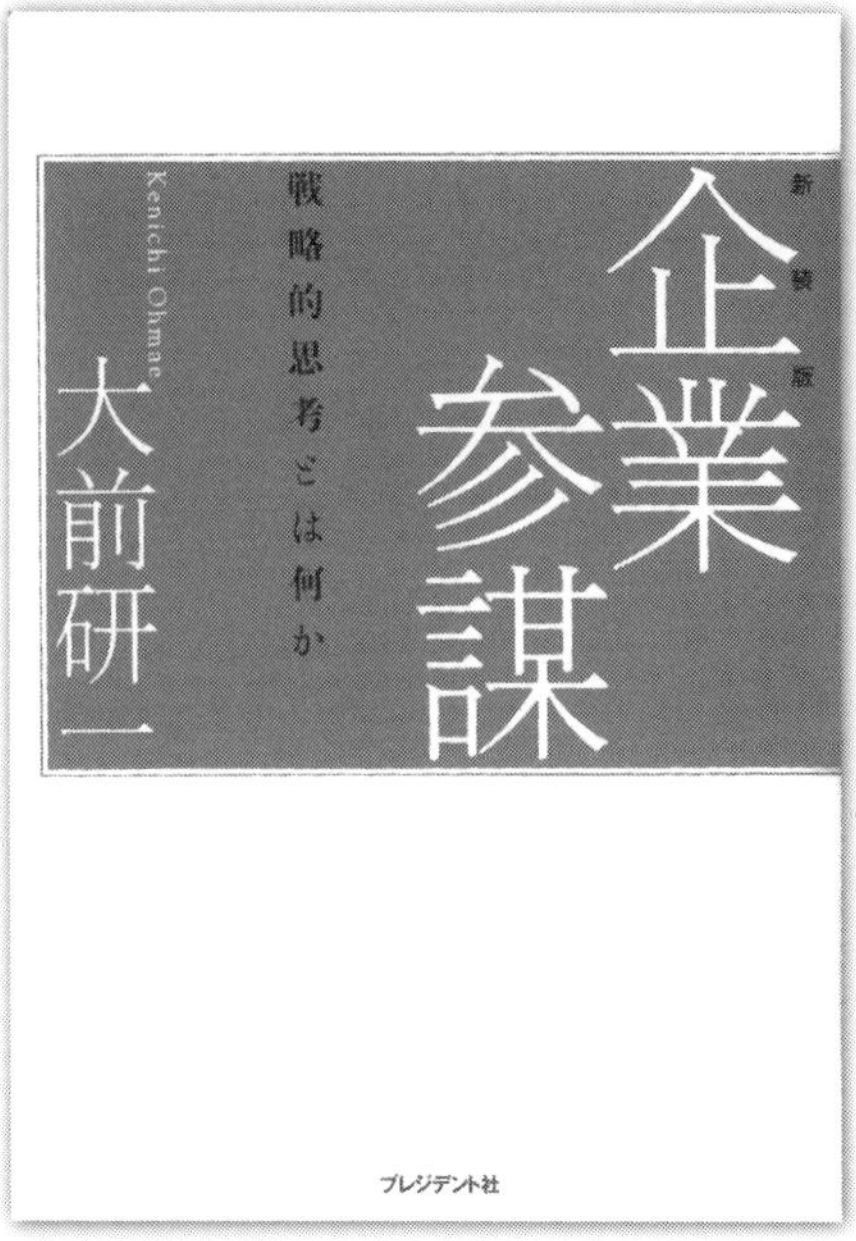

大前 研一（著）
プレジデント社刊
本体価格 2,000円

Keyword【キーワード】

① 問題解決
② リーダーシップ
③ 戦略的思考法

機能別分類

ゼネラルマネジメント	◎
論理的思考	◎
技術経営・アントレプレナーシップ	
ヒト（HR／組織行動）	
モノ（マーケティング）	
カネ（会計・財務）	
戦略	◎

キャリア職位別分類

初級者	中級者（マネージャー）	上級者（シニアマネージャー）
◎		

読み継がれている理由

オピニオンリーダーとして現在も活躍中の大前研一氏により約40年前に執筆された1975年、1977年発刊の『企業参謀』『続企業参謀』（いずれも講談社文庫に収録）を1冊にまとめた新装版。累計発行部数50万部を超える。もともとは当時30代のマッキンゼーの新人コンサルタントだった大前氏が私的なメモとして書き留めていたものを書籍化したものであるが、氏の代表作として現在でも読み継がれるロングセラーになっている。

本書は流行りの経営戦略の知識やフレームを解説した本ではなく、あくまでゼロベースで経営を分析し、中長期の打ち手を考えるために必要な「戦略的思考」に基づいて丁寧に解説された書籍である。企業参謀としての心構えから、戦略的思考に基づいて活用されるイシューツリーや、プロフィットツリーなどの基本的な思考ツールとともに、実際の企業戦略の優れたケーススタディも数多くまとめられている。

また、『The Mind of the Strategist』のタイトルで英訳され、発刊から40年経った現在でも世界中のビジネススクールや企業研修の教科書として多く

英訳版『The Mind of Strategist』（初版 1975 年）

用いられている戦略的思考、そして、経営を学ぶすべての人にとって、何度も読み返すべきバイブル的一冊と言える。

ちなみに、英『エコノミスト』誌は、「現代世界の思想的リーダーとして、アメリカにはピーター・ドラッカー（故人）やトム・ピータースが、アジアには大前研一がいるが、ヨーロッパ大陸にはそれに匹敵するグールー（思想的指導者）がいない」と書いた。大前氏は同誌の１９９３年グールー特集では世界のグールー17人の１人に選ばれ、１９９４年の特集では５人の中の１人として選ばれている。

また、２０１３年の「Thinkers50」（「経営思想界のアカデミー賞」と呼ばれ、最も影響力のある存命中の経営思想家トップ50を隔年で選出。過去にドラッカー、ポーター、クリステンセン、プラハラードらが第１位にランキング）では、野中郁次郎氏（代表的著書『知識創造経営』を第７章で紹介）とともに殿堂入りを果たしている。

著者プロフィール≫

大前研一（Kenichi Ohmae）
1943 年生まれ。早稲田大学理工学部卒業後、東京工業大学大学院原子力工学科で博士号を取得。日立製作所原子力開発部技師を経て、1972 年マッキンゼー・アンド・カンパニー・インク入社。日本支社長、本社ディレクター、アジア太平洋地区会長などを歴任。1994 年マッキンゼーを退社。1996 年起業家養成学校「アタッカーズ・ビジネス・スクール」を開設。2005 年に日本初の遠隔教育法による経営大学院「ビジネス・ブレーク・スルー（BBT）大学院大学」を設立、学長に就任。

要旨

大前氏によれば、〝戦略的思考〟とは「物事の本質をとらえる」ということである。

そして、思考における本質、つまり戦略的思考の根底に流れているものとは、一見ごちゃまぜ（混然一体）になっている事象を分析し、「ものの本質に基づいてバラバラにしたうえで、それぞれの持つ意味あいを最も有利となるように組み立てて、攻勢に転じるやり方」だという。

たとえば、テニスを楽しむために、朝から夕方までかけて伊勢志摩国立公園へ行き、宿泊して翌日午前中にテニスを楽しみ、午後2時半にバスで出発し、夜9時東京着というプランは果たして魅力的なものだろうか。

スポーツをやるだけなら都心でやった方が良いに決まっている。しかし、大自然の中でテニスを楽しみたいというなら話は違ってくる。ましてや仲間と宿泊して旅行の非日常の中で会話を楽しみたい、というニーズがあれば、それはまた異なる価値判断基準が入ってくる。

これらの渾然一体となったものをバラバラに解きほぐし、個々の要素を理解することこそが、「戦略的思考」であるという。そして、そのためには、感情を排した「冷徹な」分析と、「人間の経験や勘、思考力」を組み合わせる必要がある。

他方で、物事の本質を考えても、常に答えが核心をついているとは限らない。そして、それは問題に取り組む姿勢と方法が関係しており、最初の段階で「設問のしかたを解決策志向的に行うこと」が問題解決のスタートとなる。たとえば、残業が常態化している会社で、「強制的に夕方5時に消灯して全員を退社させる」「昼休みを短縮する」などの案をいくら出しても、残念ながら設問そのものが解決策志向的でなければ、意味ある解決には結びつかない。

この場合、たとえば設問を「当社は仕事量に対して十分な人がいるのか?」と変えると、イエスかノーは検証できる。もしその答えがイエスであれば、人員の問題でなく、仕事のやり方の問題ということがわかる。つまり、ただ改善案を拾う設問ではなく、解決策につながる具体的な問いを発していくことが重要だ。

現実の会社の中では、やらないよりやった方が良いこと〝だらけ〟であり、むしろすべての改善案をやるリソースが足りないのが問題である。だからこそ、最もインパクトのある打ち手〝だけ〟を考え抜く必要がある。

このように、難解な企業の戦略を立案する際も、常に必要なのは流行りのフレームワークを覚えることでなく、自分のアタマで戦略的に物事の本質を解きほぐしていくことである。

重要なメッセージ

◆戦略的計画など戦略立案時に考えるべき重要な4つの思想がある

①戦略的計画は、ひとたび目的地に達した場合、守りぬけるものでなくてはならない（プロテクション）

・ある程度持続可能でなければならない。たとえば、「収益を犠牲にしてもまずシェアをとり、その後収穫する」という考え方の後ろにある隠れた前提には、「獲得したシェアは守れる」という仮定がある。つまりシェアを守るために金がかかっては、ロジックは崩れ、シェア獲得競争は意味がない。

②市場の構造変化を予知し対処するために、己の強さと弱さを知りぬいていなければならない

- 法人・個人、国内・輸出、大型・小型、老人・若人などなど、自社の市場をいくつもの切り口で見ると、シェアの変化にどのセグメントがどのくらい寄与しているかが定量化できる。こうして、自社の戦略立案に最も意味のある切り口を見出し、時系列的戦局変化を追えるようにしておかなくてはならない。これは自分のアキレス腱をひそかに把握し対処するということであり、競合の盲点を突く糸口にもなる。

③真の戦略家は、リスクを避けるのではなく、リスクをあえてとる局面がなくてはならない

- いかなる戦略計画からもリスクを排除することはできない。万一リスクを冒したくなければ、効率向上やコスト低減といったオペレーショナルな改善しか打つ手はないが、ほとんどの事業は何年かに一度、戦略的岐路に立たされる。戦略的改善は効率改善では間に合わなくなった潮流の変化に対し、思い切った舵をとることだ。
- このことは事業戦略に対してだけではなく、組織や人事改革にも当ては

まる。大企業は要素が複雑に絡み合い、ゆっくりとした改革は事実上不可能なことが多い。したがって、周到な準備をひそかに進め、アッという間に改革を終えてしまったほうが、混乱も少なくなることが多い。絡み合いをほどくのに10年もかけては、市場競争には勝ち抜けない。

④最後に戦略に魂を吹き込むものは人であり、マネジメントのスタイルである

- 優れた戦略は、全体像が明確にとらえられており、美しい物語にも似た調和を持つ。その上で大切なことは、戦略を実施するラインの長が、その内容に深く精通し、戦略の精神を生かしうることだ。

→ 戦略的思考を活用した経営計画

第Ⅱ部　戦略的経営計画の実際

第1章 戦略的に考えるということ
第2章 “低成長”とはなにか
第3章 戦略的思考に基づいた企業戦略
第4章 戦略的計画の核心

（1）目的地に達した場合、守りぬけるものでなくてはならない
（2）己の強さと弱さを知りぬいていなければならない
（3）リスクをあえてとる局面がなくてはならない
（4）戦略に魂を吹き込むものは人であり、マネジメントのスタイルである

附章　先見術

『新装版　企業参謀』目次　体系マップ

（知識としての“戦略”論でなく）

戦略的思考の重要性

第Ⅰ部　戦略的思考とはなにか

第1章 戦略的思考入門
第2章 企業における戦略的思考
第3章 戦略的思考方法の国政への応用
第4章 戦略的思考を阻害するもの

「参謀五戒」
戒1=参謀たるもの「イフ」という言葉に対する本能的恐れを捨てよ
戒2=参謀たるもの完全主義を捨てよ
戒3=KFS については徹底的に挑戦せよ
戒4=制約条件に制約されるな
戒5=記憶に頼らず分析を

第5章 戦略的思考グループの形成

第2章
論理的思考

ミント『新版　考える技術・書く技術』

論理的思考／クリティカルシンキングに関する体系書

『新版 考える技術・書く技術』

PYRAMID PRINCIPLE

問題解決力を伸ばす
ピラミッド原則

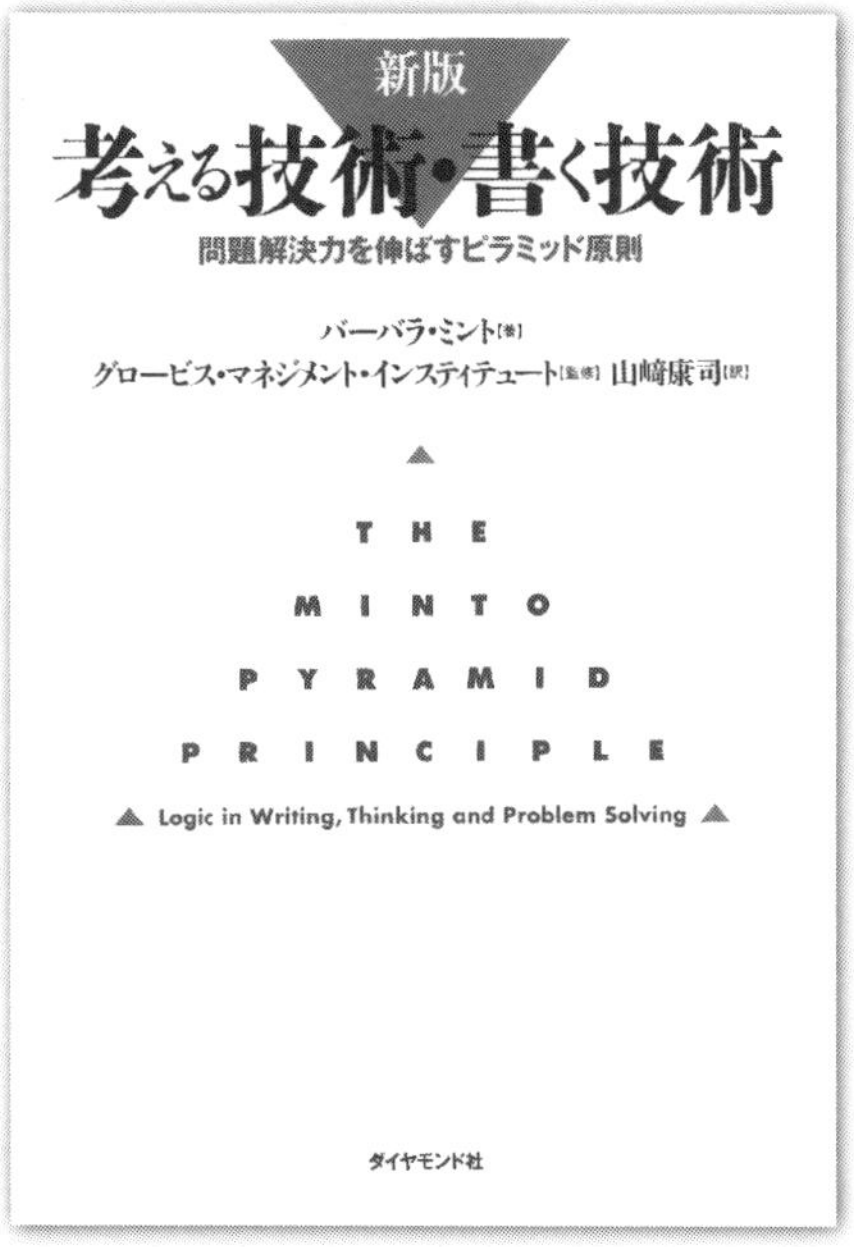

バーバラ・ミント（著）

グロービス・マネジメント・インスティテュート（監修）
山﨑 康司（訳）
ダイヤモンド社刊
本体価格　2,800円

Keyword【キーワード】

① ピラミッド構造
② 因果関係
③ MECE
④ ロジックツリー

機能別分類

ゼネラルマネジメント	○
論理的思考	◎
技術経営・アントレプレナーシップ	○
ヒト（HR／組織行動）	○
モノ（マーケティング）	○
カネ（会計・財務）	○
戦略	○

キャリア職位別分類

初級者	中級者（マネージャー）	上級者（シニアマネージャー）
◎	○	○

読み継がれている理由

すべてのビジネスパーソンに不可欠な論理的思考技術のバイブルである。ビジネスパーソンはみな、上司や顧客、部下、同僚などに文章で自分の意見をわかりやすく説明しなければならないが、自分の思い込みとは裏腹に、相手にとって不明瞭であることが多い。

本書は世界最高峰の戦略コンサルティング会社であるマッキンゼー・アンド・カンパニーをはじめとする世界の主要コンサルティング会社でライティングコースを教えるバーバラ・ミントが、物事を論理立てて述べる独自の文書作成術を披露した本。

要旨

読み手は頭の中で理解度を深めるために情報を自動的にいくつかのピラミッドの形にグループ化して並び替えている。そのため、事前に与える情報もピラミッド型に配置されていれば、理解する作業は格段に簡単になる。

原著『PYRAMID PRINCIPLE』（初版 1996 年）

たとえば、各メッセージは、1つの考えの下にピラミッド構造を構成すべきであるという。つまり、まず全体を要約する考えを述べてから、この考えを矛盾なくトップダウン型に配列しピラミッド構造を構成する。実際に文章を作成する際は、ボトムアップで考えることになるが、その構成がピラミッド型になっているかどうかは、以下の3点をチェックすればよい。

①どのレベルであれ、メッセージがその下位グループ群を要約するものであること

②各グループ内のメッセージは、常に同じ種類のものであること

③各グループ内のメッセージは、常に論理的に順序づけられていること

ピラミッドの内部構造として重要なポイントは、①「主ポイントと補助ポイント間の縦の関係（因果関係）」、②「補助ポイント間の横の関係（ＭＥＣＥ：モレなくダブリなく）」、③「導入部のストーリー展開」である。導入部のストーリー展開は、「状況」→「複雑化」→「疑問」→「答え」という展開になる。つまり、まず読み手が知っている状況を説明（例「新規事業を始めた」）するが、読み手は大抵「そんなことはわかっている」と思うはずである。そこで、その状況に論理的な矛盾・問題点などで変化を与え（例「新

著者プロフィール≫

バーバラ・ミント（Barbara Minto）アメリカ・オハイオ州クリーブランド出身。ハーバード・ビジネス・スクール卒業後、経営コンサルティング会社マッキンゼー社に初の女性コンサルタントとして入社。文書作成に関する能力が認められ、ロンドン事務所に配属された後、ヨーロッパスタッフのレポート作成指導責任者となった。1973年ミント・インターナショナル・インクを設立。ビジネスマンを対象にピラミッド原則を用いたレポート作成、分析、プレゼンテーションなどの方法を教えている。世界の主要コンサルティング会社、さらにペプシコ、オリベッティ、AT&Tシステム、ユニリーバなどでライティングのコースを教えている。

規事業は問題だらけだ」）、読み手に疑問（例「どうすべきか」）を抱かせて、あなたの文章で答えを与える、という形である。

最後に、具体的にこれらを実践する上で、

①「グループ内のメッセージの順序が正しいかどうか」（時間の順序、構造の順序、序列の順序）

②「問題解決プロセスの具体的根拠は何か」

③「自分の考えについて、その要約メッセージは何か」

④「自分の考えを表現する文章がこれでよいかどうか」

という4つのポイントを常に意識し、チェックをするべきであることを詳しく説明し、本書のまとめとしている。

重要なメッセージ

◆説明は、常に全体を要約する考えを述べた上で、個々の考えを1つひとつ説明していくべきである。

◆文章や発言が適切になっているかどうかは、どのレベルであれ、

ピラミッド構造

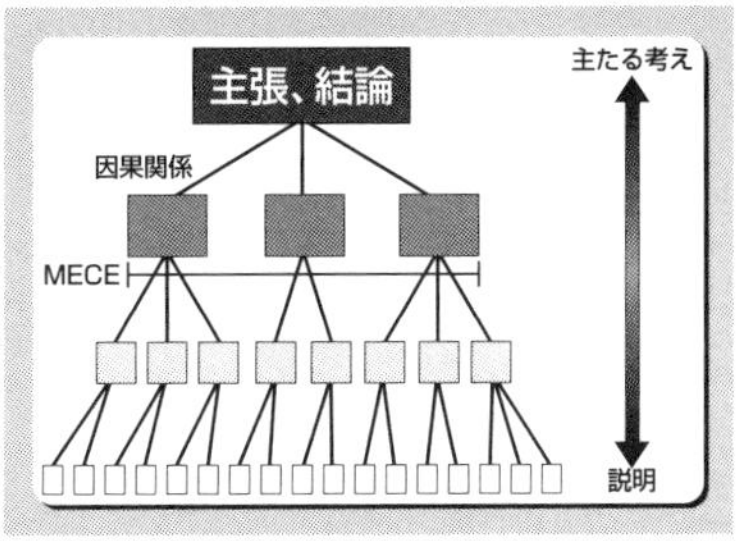

①メッセージはその下位グループ群を要約していること
②各グループ内のメッセージは、常に同じ種類のものであること
③各グループ内のメッセージは、常に論理的に順序づけられていること
　という3つの鉄則をチェックすればよい。

◆冒頭の導入部は、読み手がすでに知っていることを物語風に伝えることが重要である。状況を記述して、その中で発生する複雑化を記述し、そこから生じる疑問を記述する。その疑問に対して、本文で答えを与える順序になる。

◆演繹的論法は三段論法の形で表現され、2つの前提から結論が導き出される論証形式である。たとえば、「鳥は空を飛ぶ」→「私は鳥だ」→「私は鳥であるがゆえに空を飛ぶ」という論法である。

◆帰納的論法は、いくつかの異なるものを1つのグループにまとめて、それらの情報から言える意味を概念化するという創造的な頭の働きを必要とする。たとえば、「フランスの戦車がポーランド国境にいる」「ドイツの戦車がポーランド国境にいる」「ロシアの戦車がポーランド国境にいる」→「ポーランドが戦車によって侵略されようとしている」という論法である。

◆グループ内のメッセージは論理的順序に沿って展開される。選択すべき順

序は、以下の３つのうちのいずれかになる。

①ある結果の原因を特定する（時間の順序）

②全体を部分に分ける（構造の順序）

③類似のもので分類する（序列の順序）

◆問題解決のプロセスは、以下の５つのステップで行う。つまり、問題の解決案を考える前に、問題の真の原因を追及する。

①問題は何か

②問題はどこにあるのか

③問題はなぜ存在するのか

④問題に対し何ができるか

⑤問題に対し何をすべきか

◆要約のメッセージを作るには、自分が作成しようとする記述の種類を考える。その記述は、読み手に何かをせよという行動の記述なのか、読み手について何かについて説明する報告の記述なのかを明確にする。

2.ピラミッド構造の実践

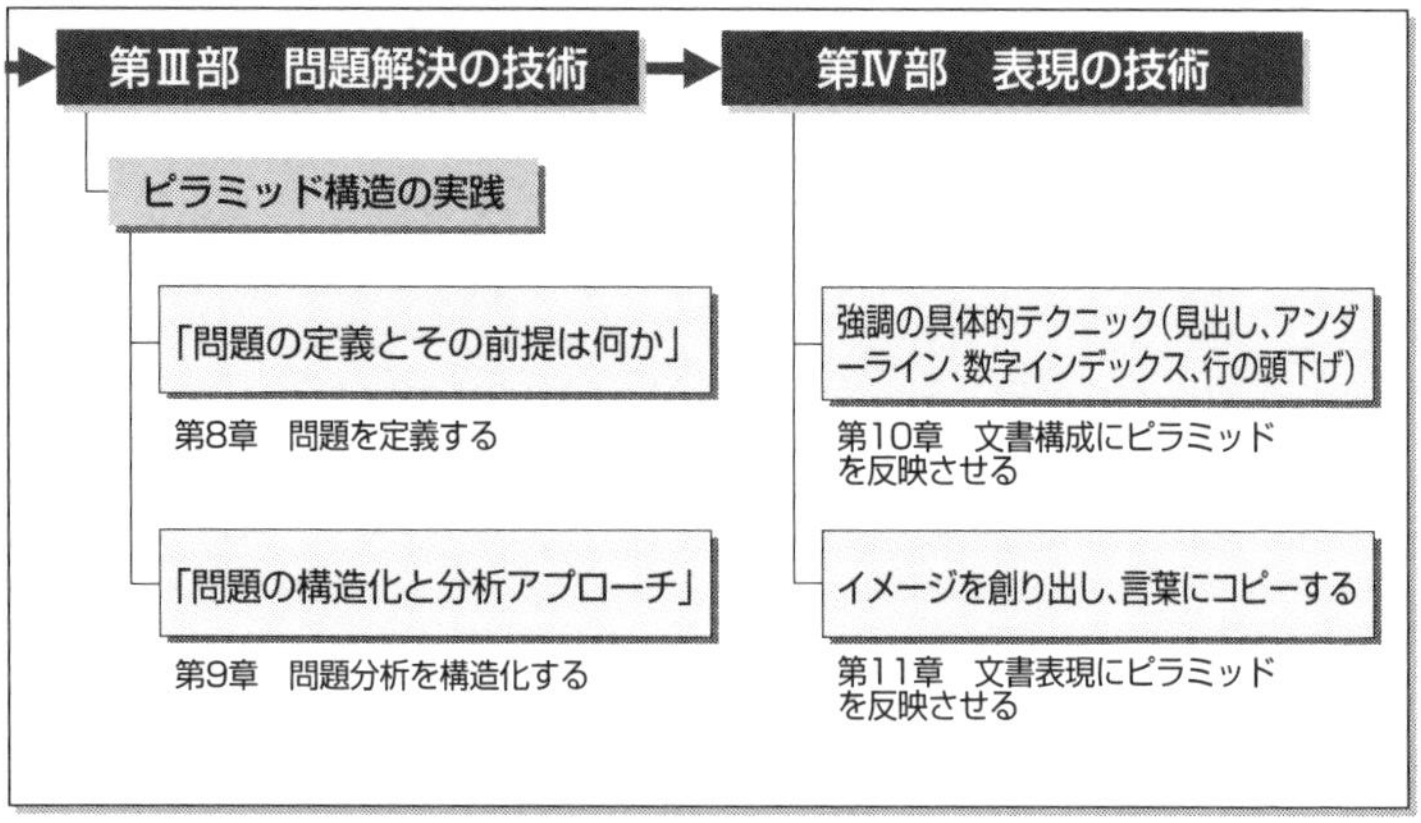

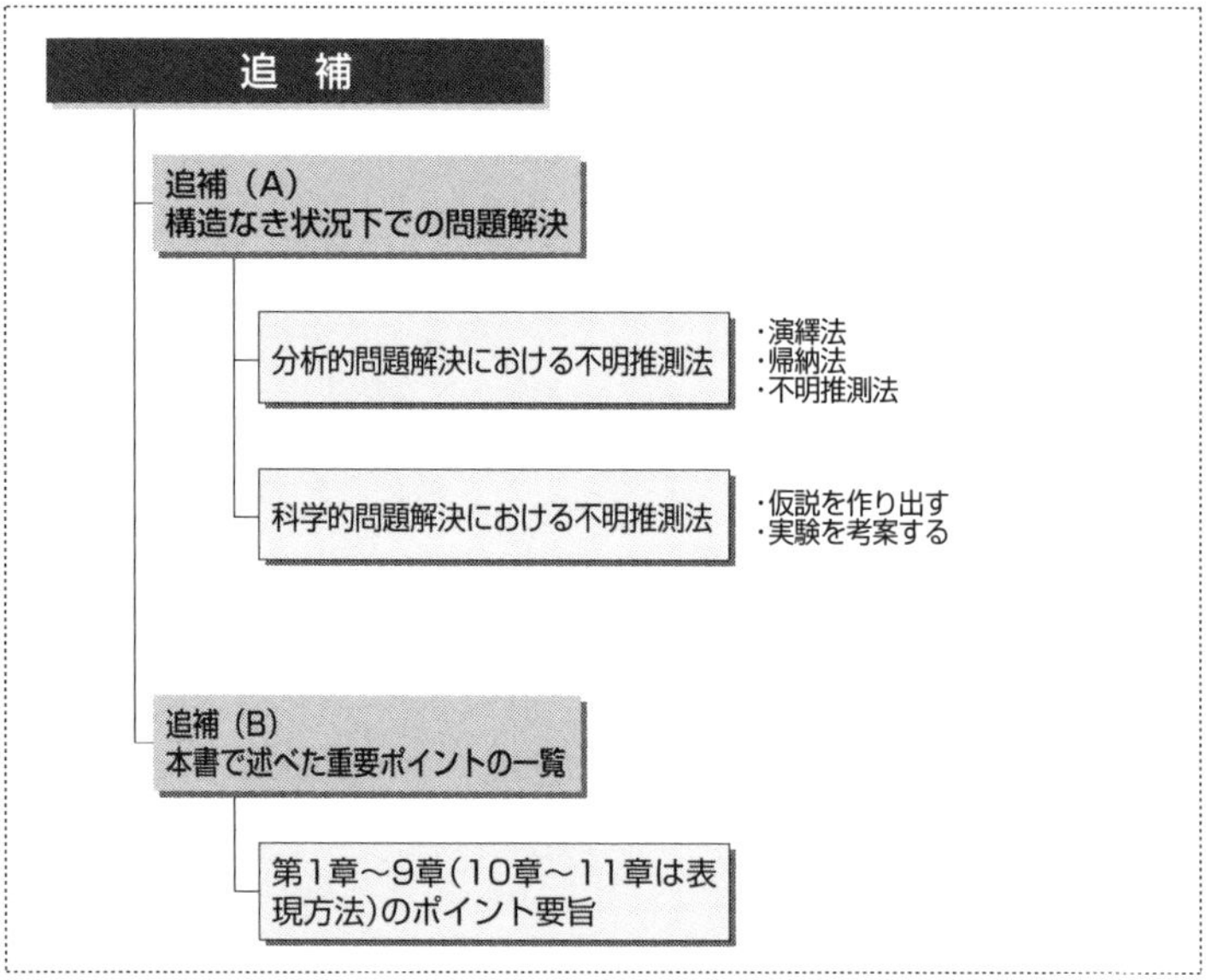

『新版　考える技術・書く技術』目次　体系マップ

1. ピラミッド構造の原理

第Ⅰ部　書く技術

- ピラミッド構造とは
  - 論理の必要性
    第1章　なぜピラミッド構造なのか？
  - 横、縦の関係と導入部のストーリー展開
    第2章　ピラミッドの内部構造はどうなっているのか？
- ピラミッド構造の作り方
  - トップダウン型とボトムアップ型アプローチ
    第3章　ピラミッド構造はどうやって作るのか？
  - ストーリー性の持たせ方（状況→複雑化〈疑問〉→答え）
    第4章　導入部はどう構成すればいいのか？
  - 論理展開の2つの方法
    第5章　演繹法と帰納法はどう違うのか？

第Ⅱ部　書く技術

- ピラミッド構造の分類
  - 「グループ内のメッセージの順序が正しいかどうか」
    第6章　ロジックの順序に従う
  - 「自分の考えについて、その要約メッセージは何か」
    第7章　グループ内の考えを要約する

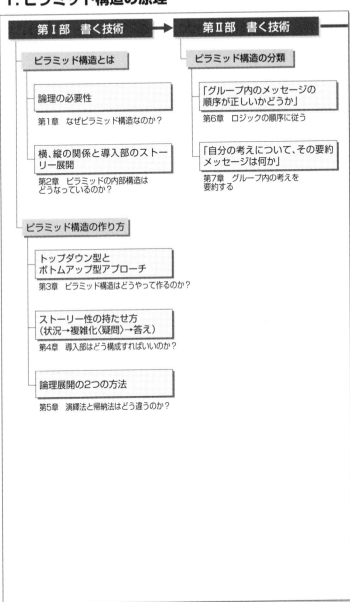

第3章

技術経営・アントレプレナーシップ

クリステンセン『増補改訂版　イノベーションのジレンマ』

クリステンセン&レイナー『イノベーションへの解』

クリステンセン&アンソニー『イノベーションの最終解』

ティモンズ『ベンチャー創造の理論と戦略』

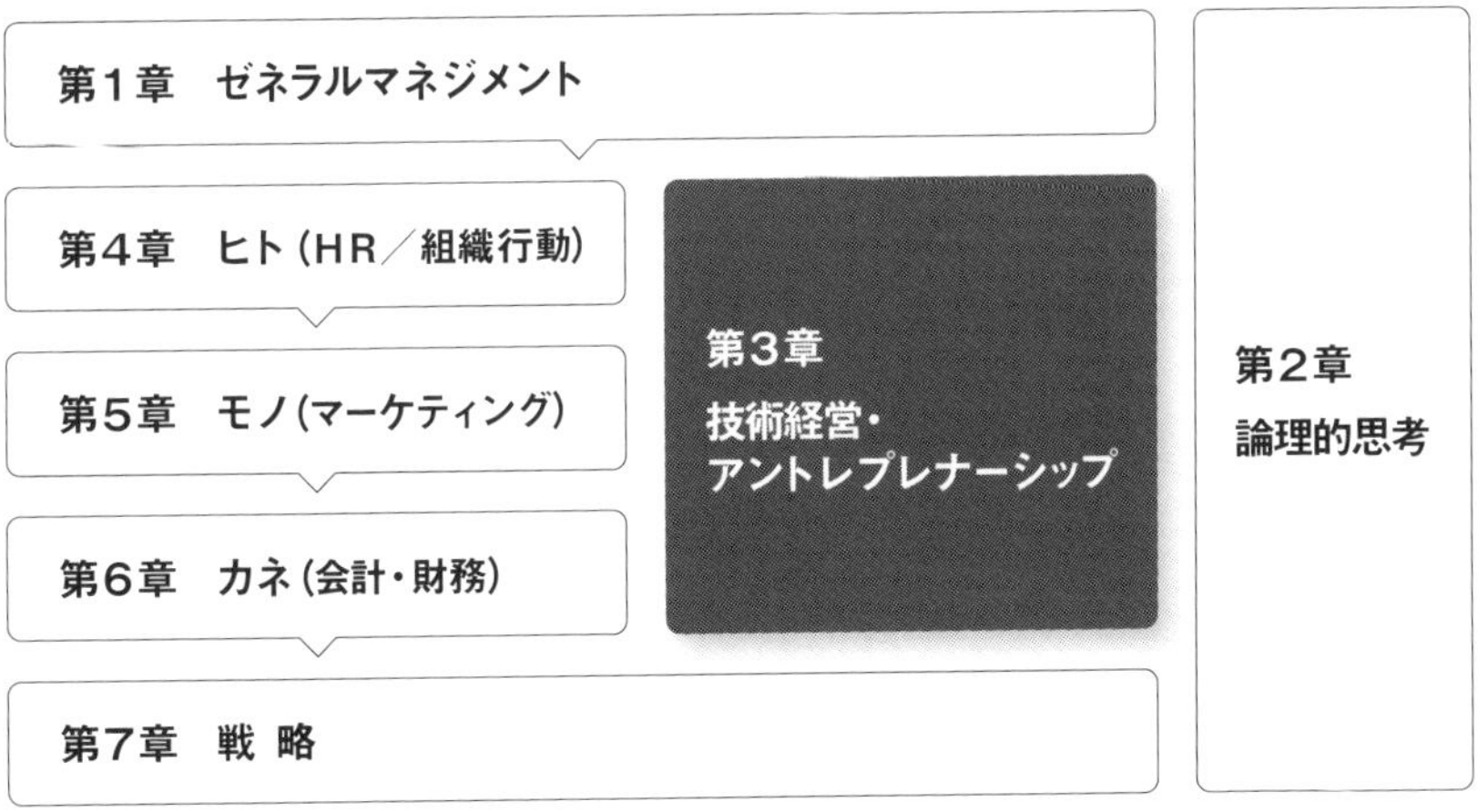

技術経営（MOT）領域のイノベーションに関する発見

『増補改訂版 イノベーションのジレンマ』

——技術革新が巨大企業を滅ぼすとき——

The Innovator's Dilemma

クレイトン・クリステンセン（著）

玉田 俊平太（監修）
伊豆原 弓（訳）
翔泳社刊
本体価格　2,000円

Keyword【キーワード】

① 技術経営（MOT）
② イノベーション
③ アントレプレナー

機能別分類

ゼネラルマネジメント	
論理的思考	
技術経営・アントレプレナーシップ	◎
ヒト（HR／組織行動）	
モノ（マーケティング）	○
カネ（会計・財務）	
戦略	○

キャリア職位別分類

初級者	中級者（マネージャー）	上級者（シニアマネージャー）
△	△	◎

読み継がれている理由

必ずしも技術進歩と非連続な革新的技術だけが市場とリーダー企業の序列を変えるわけではない。その代表的な例外のメカニズムを解き明かしたのが、ハーバード・ビジネススクール教授のクリステンセンである。

彼の「破壊的イノベーション」の理論は、ハードディスクドライブをはじめとする多くの業界ですでに市場や企業の序列を根本から破壊してきたことを証明するとともに、彼の論文はその年のあらゆる賞を総なめにし、マイケル・ポーターとともにハーバードを、そして世界を代表するトップ経営思想家として一気に認知されることになる。

1997年発表の本書は、「イノベーション」を技術戦略でなく、経営戦略として位置づけた文字通り最初の書籍と言える。

もともと大企業の目線でいかに新興企業から身を守るかという視点で書かれた本であるが、逆読みすれば新規事業やベンチャー企業がいかに既存企業を倒すかということのヒントにもなる。実際、アップルのスティーブ・ジョブズやアマゾンのジェフ・ベゾスも本書を愛読書の1つに挙げている。

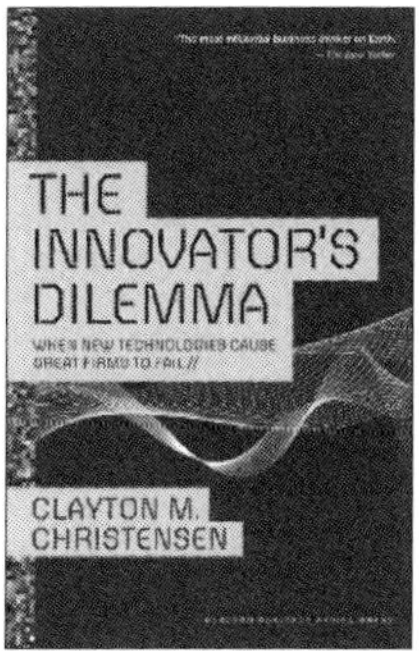

原著『The Innovator's Dilemma』(初版1997年)

要旨

既存の多くの優良企業は経営において最善を尽くしている。ところが、盲目的な努力が自らの衰退を招いている可能性があるという。つまり、重要顧客の声に耳を傾け、最も収益性の高い分野に投資し続けるという一見、至極健全な経営手法が自社のイノベーションを妨げているというのだ。

事実、ハードディスク業界では、全部で6回事実上標準（デファクト）となるディスクサイズが変わっていったが、そのうち4回では業界のリーダーが変わるだけでなく、かつてのリーダーは撤退か買収の憂き目に遭ってきた。このとき、リーダーが対応できなかったのは、それぞれの新規格が旧規格に対して「破壊的イノベーション」であったこと、つまり技術進歩の大きさでなく、注目する性能指標が変わったことで、ゲームのルールが一変したのだ。

私たちは1990年代以降の日本企業の例を見るまでもなく、既存の技術の品質改良をもとにした高機能製品が必ずしも市場を掴んでいくわけではないことを学んできた。品質自体は劣っているが、たとえば単機能でも低価格の製品を作る新たな技術の登場や、低品質でも必要にして十分なレベルで小

著者プロフィール≫

クレイトン・クリステンセン（Clayton Christensen）ハーバード・ビジネス・スクール教授。1952年生まれ。ブリガムヤング大学経済学部を首席で卒業後、オックスフォード大学で経済学修士、ハーバード・ビジネススクールでMBAを取得。ボストンコンサルティンググループでコンサルタントとして活躍したほか、研究開発型ベンチャーの経営者を歴任。レーガン政権時代のドール運輸長官を補佐した経験も持つ。ハーバード・ビジネススクールで執筆した博士論文は最優秀学位論文賞に加え、マッキンゼー賞などを総なめ。マッキンゼー賞は、ドラッカー、ポーターに続く受賞回数を誇る。

型軽量の持ち運びがしやすい製品の登場などの「破壊的イノベーション」を通し、既存の市場が一掃されてしまうことがあるのだ。

クリステンセンは、この破壊的イノベーションの問題を、組織の能力（ケイパビリティ）の問題としても捉えている。従来どおりの改善をベースとした企業内での意思決定の仕方では破壊的イノベーションは生まれず、したがって競合による破壊的イノベーションにも対応できず凋落の憂き目に遭うことになる、と説いている。

たとえば、優れたリーダー企業が破壊的技術に投資できない理由には、次の3点が挙げられる。

①破壊的製品が低価格で利益率が低いこと
②破壊的製品の対象マーケットが小さいこと
③優良企業にとって収益性の高い上位顧客が破壊的技術を求めないこと

実際、歴史と実績を持つ企業であればあるほど、企業は顧客の意見に注意深く耳を傾け、より収益性を高める高付加価値製品の設計と開発に資源を投入しがちである。それにより、低価格の分野に隙間が生じ、破壊的技術を採用した競合他社が参入する余地を与えてしまう。

クリステンセンとアッターバックら伝統的なイノベーション理論比較

判断基準／分類	クリステンセンの分類 重視する「性能指標」の変化	アバナシー＆アッターバック分類 （狭義の）技術進歩の軌跡
持続的イノベーション	「連続」 （従来の品質軸「高機能・高性能」）	連続（斬新的イノベーション） 非連続（急進的イノベーション）
破壊的イノベーション	「非連続」 （「カスタマイズ性、利便性、低価格等」）	連続（斬新的イノベーション） 非連続（急進的イノベーション）

本書は、このような破壊的イノベーションを見分け、適応するための視点を与え、そのために優良企業でも対処できない5つの原則（後述）を提示している。そして、経営者がこれらの原則に従いながら破壊的技術に対処する方法を提示する。

主要メッセージ

◆DECに代表されるかつての優良企業がトップの座から落ちるのは、競合他社による革新的な非連続な技術進歩によるものではなく、一見優位性のなさそうな質の高くないソリューションを提供する新規参入企業が現れ、それに対応できなかったのが原因の1つである。

◆新規参入企業の技術がこれまでと異なる「先進顧客」が注目する異なる性能指標に注目し「破壊的イノベーション」を起こしてきたのに対し、既存の優良企業は「上位顧客」が注目する既存と同様の性能指標のさらなる高機能な商品の開発に絶え間ない努力を続ける「持続的イノベーション」で勝負をしている。

◆新規参入企業は低機能・低価格帯の小さな足がかりの市場でも参入しシェアを獲得することができれば、その後シェア獲得による利益を技術投資に回し、製品を改善して、従来のリーダー企業が戦う市場に遅かれ早かれ参入し、低コスト構造の新規参入企業は一気にトップの企業を追い落とすこともあり得る。

◆ディスクドライブ市場の例

・当初業界では、14インチ、8インチ、5・25インチ、3・5インチと、ディスク・ドライブの大きさが徐々に小型化していった。

・6回規格が変わっていったうち、重視する性能指標に変化が生じた14インチ→8インチ、8インチ→5・25インチ、5・25インチ→3・5インチという4回すべてで既存の主力メーカーはすべて競争に敗れた。

・既存リーダーが主要顧客から要求されていた要件は、①ハードディスク容量、②1MBあたりのコスト、③性能だったが、すべて小型ディスクが劣っており、単価も安く利益率も低かったため、既存の優良企業はこれらを無視した。

・一方、新興企業は、異なる性能指標のニーズと売り先を探し、結果としてミニコン（8インチ）、中型パソコン（5・25インチ）、小型パソコン／ラップトップ（3・5インチ）という新たな市場で席巻した。

・ところが、一度その市場に参入した途端、徐々に、既存の性能基準（ディスク容量や1MBあたりの価格やアクセス・タイム）を向上させ、上位の市場も奪うことで業界リーダーの座を獲得した。

◆破壊的イノベーションの発生プロセス

ステップ1　「破壊的技術」は、まず既存企業で開発される

ステップ2　マーケティング担当者が主要顧客に意見を求める（が、拒絶される）。

ステップ3　実績ある企業が既存の性能指標の「持続的技術」の開発速度を上げる。

ステップ4　新規参入企業による試行錯誤の末、破壊的技術の市場が形成される。

ステップ5　新規参入企業が上位市場へ移行する。

ステップ6　実績ある企業が顧客基盤を守るために遅まきながら時流に乗る（が時すでに遅し）。

◆破壊的イノベーションの原則

①プロジェクトを、それが必要な顧客をもつ組織に任せる。
②プロジェクトを、小さな勝利に前向きになれる組織に任せる。
③試行錯誤しながら市場を探せるように、早い段階での大規模投資は避ける。
④既存組織の業務プロセスや価値基準を適応しないようにする。
⑤破壊的製品の特徴が評価される市場を見つけるか、開拓する。

第二部
破壊的イノベーションへの対応

①優良企業の資源配分のパターンは、実質的に顧客が支配している。

第五章　破壊的技術はそれを求める顧客を持つ組織に任せる

②小規模な市場は、大企業の成長需要を解決しない。

第六章　組織の規模を市場の規模に合わせる

③破壊的技術の最終的な用途は事前にはわからない。

第七章　新しい成長市場を見いだす

④組織の能力は組織内で働く人材の能力と関係なく、プロセスと価値基準に関係する。

第八章　組織のできること、できないことを評価する方法

⑤技術の供給は市場の需要と一致しないことがある。魅力のない破壊的技術が、大きな価値を生む場合がある。

第九章　供給される性能、市場の需要、製品のライフサイクル

５つの基本原則の適応事例

第十章　破壊的イノベーションのマネジメント

まとめ

第十一章　イノベーションのジレンマ

『イノベーションのジレンマ』目次　体系マップ

第一部
優良企業が失敗する理由

失敗事例の研究
（ディスク・ドライブ業界）

第一章　なぜ優良企業が失敗するのか
第二章　バリュー・ネットワークとイノベーションへの刺激

失敗事例の検証（理論が広範囲で有効であることを確認）

第三章　掘削機業界における破壊的イノベーション
第四章　登れるが、降りられない

５つの基本原則

技術経営（MOT）領域のイノベーションを作る方法の研究

『イノベーションへの解』

利益ある成長に向けて

The Innovator's Solution

クレイトン・クリステンセン
＋マイケル・レイナー（著）

玉田 俊平太（監修） 櫻井 祐子（訳）
翔泳社刊
本体価格　2,000円

Keyword【キーワード】

① 技術経営（MOT）
② イノベーション
③ アントレプレナー

機能別分類

ゼネラルマネジメント	
論理的思考	
技術経営・アントレプレナーシップ	◎
ヒト（HR／組織行動）	
モノ（マーケティング）	○
カネ（会計・財務）	
戦略	○

キャリア職位別分類

初級者	中級者（マネージャー）	上級者（シニアマネージャー）
△	△	◎

読み継がれている理由

優良企業が既存の性能指標の改善に没頭する「持続的イノベーション」を続ける中で、新興企業は異なる性能指標を重視する足がかりの市場を通して「破壊的イノベーション」をもたらす。イノベーションがはらむ既存のリーダー企業の落とし穴を実証した名著『イノベーションのジレンマ』はビジネス界にも大きな変革をもたらした。その続編が本書である。

前作『イノベーションのジレンマ』は、なぜ優良企業がリーダーの座を渡さなければならない状況があるのか、なぜ従来の「持続的イノベーション」では勝てないのかについての理由が中心に書かれていた。そして「破壊的イノベーションには対抗ではなく、適応する術を考えなければならない」という重要な示唆を与えた。

他方、本書『イノベーションへの解』では、その破壊的なイノベーションに適応する方法について、また自社が当事者として破壊的イノベーションを起こしていくために必要な具体的な内容を提供するとともに、破壊的イノベーションを当初の想定通りの「ローエンド型破壊」と新たにブレークダウ

原著『The Innovator's Solution』（初版 2003 年）

ンして追加した「新市場型破壊」という2つに分類して掘り下げている。

要旨

タイトル通り、本書『イノベーションへの解』は、『イノベーションのジレンマ』の解決策を論じている。破壊的技術を受け、優良企業が市場を奪われるといった破壊される側に立つのではなく、自らが破壊者となり破壊的イノベーションを起こし、新たな成長事業を作り出そうという「破壊的イノベーションのマネジメント法」を提示している。

つまり、飽和状態にある既存の市場における激しい競争ではなく、これまでとは異なる視点で、異なる性能指標に基づく新たな需要を喚起し、最終的に大きな成長性を含む市場に参入する際のポイントについて膨大な事例研究と説得力のある議論を展開している。

例えば、競合企業に勝つためにどのような製品を開発すべきか、その製品をどのような顧客層へ絞り込んでマーケティングを行うべきか、オペレーションから流通までバリューチェーンのどの部分を社内で賄い、また外部へア

著者プロフィール≫

クレイトン・クリステンセン（Clayton Christensen）前掲『イノベーションのジレンマ』の項参照

ウトソースするか、といったことについての意思決定を促す説明がある。

著者は、「破壊的イノベーションのマネジメント法」について、静的な「意図的（deliberate）戦略」のみならず、戦略の実行とともに環境に適応していく中で都度判断と行動を変えていく「創発的（emergent）戦略」という、異なる戦略策定のプロセスの活用を促し、その意思決定を行っていく重要性を説いている。

重要なメッセージ

◆戦略そのものではなく、「意図的（deliberate）戦略」と「創発的（emergent）戦略」という、2つの戦略策定プロセスをマネージする必要がある。
◆「意図的（deliberate）戦略」とは、意識的で分析的なもので、データの分析に基づいたトップ・ダウンで実行に移される戦略策定プロセスである。
◆「創発的（emergent）戦略」とは、日常業務を行う従業員から上がってくる戦術的な観点からの戦略策定プロセスである。「意図的戦略」では予測できなかったことを解決することがあり、将来予測が難しく不確実な環境下や、

著者プロフィール≫

マイケル・レイナー（Michael E. Raynor）
デロイトのシンクタンク部門、デロイト・リサーチ社ディレクターとして、電気通信、メディア、コンピュータ・ハードウェア、コンピュータ・ソフトウェア、金融サービス、エネルギー、ヘルスケアなどの産業分野にてコンサルティングを行う。またカナダ・オンタリオ州ロンドン市のリチャード・アイヴィー・ビジネススクール教授として、MBA および管理者教育プログラムで教鞭をとっている。ハーバード大学から哲学士号、アイヴィー・ビジネススクールから経営学修士号（MBA）、ハーバード・ビジネススクールから経営学博士号（DBA）を取得している。1967 年生まれ。

いままで効果的であった戦略が効果的でないと予想されるときに必要となる。「仮説指向計画法」はそれを実践する優れた方法の1つである。

◆従来のマーケティングのセグメンテーション（市場細分化）プロセスは顧客の解決したい最も本質的なニーズを見落としてしまう可能性がある。そのため顧客の「属性」ではなく、むしろ顧客の「状況（用事）」に着目し、状況をベースにした分析で、その状況における製品の真の競合相手を認識し、その上で顧客の「状況（用事）」に応じたニーズに対応させる。

◆ソニーは、消費者が本当は何を片付けようとしているのかという「状況（用事）」を考えることによって電池式小型トランジスタラジオ、ウォークマン、持ち運び可能なソリッドステート白黒テレビなど12の新市場型破壊事業を築いた。

◆「破壊的イノベーション」に必要なケイパビリティとは

大企業が破壊的イノベーションに勝てないジレンマに陥る真の原因を「RPV（資源・プロセス・価値基準）理論」に見出したクリステンセンは、組織が事業機会を上手く獲得して成功するケイパビリティとして以下の3つを挙げた。

意図的戦略と創発的戦略

意図的（deliberate）戦略	創発的（emergent）戦略
意図的で分析的なもので、データの分析に基づいたトップダウンで実行に移される戦略策定プロセス	日常業務を行う従業員から上がってくる戦術的な観点からの戦略策定プロセス。「意図的戦略」では予測できなったことを解決することがあり、将来予測が難しく不確実な環境下や、今まで効果的であった戦略が効果的でないと予想されるときに必要となる。

・その組織に成功するための「資源」があり、
・組織内で成すべきことを容易にする「プロセス」があり、
・様々な機会の中からその特定の機会に高い優先順位を与えるような「価値基準」があるとき

◆新成長事業は本業が健全な間に、定期的に立ち上げる必要がある。
◆企業が大規模になっても、小さな新規事業の機会とリスクに関する意思決定を容易に行えるよう事業部門を分割し続ける（小規模組織・小リスク・意思決定のしやすさ）。
◆新成長事業の損失は、既存事業の利益で補填しない（早期の利益化が見込める新規事業）。

[redacted]

第二章　最強の競合企業を打ち負かす方法	破壊的イノベーションモデル
第三章　顧客が求める製品とは?	市場の細分化
第四章　自社製品にとって最高の顧客とは?	標的市場の設定
第五章　事業範囲を適切に定める	バリューチェーンの検討
第六章　コモディティ化をいかに回避するか?	バリューチェーンの検討
第七章　破壊的成長能力を持つ組織とは?	破壊的イノベーションに適した組織
第八章　戦略策定プロセスのマネジメント	意思決定プロセス
第九章　良い金もあれば、悪いカネもある	発展段階に基づく投資の資金源
第十章　新成長の創出における上級役員の役割	マネジメントとリーダーシップ

『イノベーションへの解』目次　体系マップ

成長を生み出すために必要となる９つの意思決定

第一章　成長という至上命令
イノベーションのブラックボックス
（方向づけを行う力は何か）

- ①どうすれば最強の競合に勝てるか？
- ②どのような製品を開発すべきか？（すべきでないか？）
- ③どのような初期顧客が発展性の基盤となるか？
- ④製品設計、生産、販売、流通に必要な活動のどれを社内で行い、どれを提携先や下請けに任せるか？
- ⑤どのようにすれば強力な利益を稼ぐ競争優位を維持できるか？
- ⑥新事業にとって最適な組織形態は何か？
- ⑦必勝戦略の細部を正しく詰めるには？どんなときに柔軟性が重要で、どんな時に柔軟性によって失敗するか？
- ⑧どのような投資が自社にとって有益で、どのような投資が不利益となるのか？
- ⑨成長を維持させるため、上級役員はどのような役割を果たすべきか？

クリステンセン「イノベーション三部作」の最終章

『イノベーションの最終解』

Seeing What's Next

クレイトン・クリステンセン＋スコット・D・アンソニー＋エリック・A・ロス（著）

玉田 俊平太（解説）　櫻井 祐子（訳）
翔泳社刊
本体価格　2,200円

Keyword【キーワード】

① 技術経営（MOT）
② アントレプレナー
③ 破壊的イノベーション

機能別分類

ゼネラルマネジメント	
論理的思考	
技術経営・アントレプレナーシップ	◎
ヒト（HR／組織行動）	
モノ（マーケティング）	
カネ（会計・財務）	
戦略	◎

キャリア職位別分類

初級者	中級者（マネージャー）	上級者（シニアマネージャー）
		◎

読み継がれている理由

クレイトン・クリステンセンによる「イノベーション」三部作の完結編。一気にハーバード・ビジネススクールの看板教授の一人、そして戦略としてのイノベーションの分野で世界の第一人者となるきっかけとなった1997年刊行の『イノベーションのジレンマ』、破壊的イノベーションをローエンド型に加え、新市場型と2つに分類して掘り下げた2003年刊行の『イノベーションへの解』に続く完結編として翌2004年に刊行。

本書は、前2作で展開してきた理論をさまざまな業界に応用し、イノベーションがもたらす破壊を予見するための手法を示している。業界全体の動向を判断するための理論的枠組みを提示し、ビジネスチャンスのありか、競争相手の実力、戦略的判断、非マーケット要因の見きわめ方を詳述し、業界全体の未来を見通すレンズを提示している。

実は3作目の本書が最も体系的に整理されて書かれており、前2作のダイジェスト的な説明も含まれているため、まず本書からスタートして詳細を前2作で参照するという読み方もできる。

原著『Seeing What's Next』（初版2004年）

特に前半の分析フレームは、競合による破壊的イノベーションの兆しをいち早く把握するためにも、自社が業界内で獲得可能な足がかりの市場を掴むためにも有用である。

なお、日本語訳版は２００５年にランダムハウス講談社より『明日は誰のものか　イノベーションの最終解』のタイトルで出版されたが、２０１４年に翔泳社から新訳版が刊行された。

要旨

クリステンセンは、当初『イノベーションのジレンマ』では、「破壊的イノベーションは予測できない」と述べていた。むしろ、破壊の芽が出た後に、それを確実に摘んで対応するためのケイパビリティの向上の対策についてはは掘り下げていたものの、破壊の兆しについては、放置されていたと言える。しかし、その後「予測可能」と撤回している。その予測フレームを体系的にまとめたのが本書である。

破壊の兆しを予測することはなぜ重要なのだろう。

著者プロフィール≫

クレイトン・クリステンセン（Clayton Christensen）前掲『イノベーションのジレンマ』の項参照

それは、競争環境の変化に備えたり、自ら破壊を生み出すことができるようになるからである。本書はこれらに関するポイントを、無消費者や過剰満足の顧客に対する理論を中心に述べている。

実は、本書『イノベーションの最終解』が発刊されたのは2004年9月である。ところが、10年以上も前の著書でクリステンセンが予測していた潜在的な破壊の波の多くが、長い年月を経て今、現実のものとなっている。

クリステンセンは、この破壊の兆候を予測するため、以下の4つの分析プロセスについて述べている。

「1　変化のシグナルを探す」では、業界の環境変化や無消費者、満たされない顧客、過剰満足の顧客を新しい方法で獲得しようとしている企業を示唆するシグナルはないかを考える。

「2　競争のバトルを評価する」では、競合企業の経営状況を把握し、非対称性の剣と盾を持っている企業を探す。

「3　戦略的選択を考える」では、破壊のプロセスを正しく実行できるチャンスを増やすまたは減らすような重要な戦略的選択に目を配っている。

「4　市場外の影響を考える」では、イノベーションに影響を与える市場外

3つの顧客状態に紐づく3つの事業機会

対象グループ	事業機会	シグナル
1.無消費者（重要な用事を片づけるための能力、財力、アクセスを持たない層）	新市場型破壊的イノベーション	・用事を「より便利に」片づけるのに役立つ製品、サービス ・新市場または新しい利用環境の爆発的成長
2.満たされない顧客（消費者のうち性能に不満を感じている顧客）	持続的イノベーション	・既存客向けの新たな改良 ・統合型企業の成功と専門的企業の不振
3.過剰満足の顧客（魅力的な性能向上に対価を支払わなくなる顧客：既存製品の性能が必要にして十分）	ローエンド型破壊的イノベーション	・最も要求の低い顧客を対象とする新たなビジネスモデルの出現
	モジュールへの置き換え発生	・主流顧客をターゲットとする専門的企業の出現
	メーカーへのエンドユーザ接近	・ルールや標準の出現 ・製品、サービス提供者が最終消費者に接近

の要因とその力学について考える。

重要なメッセージ

◆「1　変化のシグナルを探す」

・破壊的イノベーションにおける「先進顧客」に目を向けよ
注目すべきは、高機能のハイエンドの先進顧客でなく、破壊的イノベーションにおける先進顧客。つまり、「新しい市場」か「既存市場のローエンド」にいち早く注目する顧客である。破壊的イノベーションの兆しを探り、破壊的技術に投資していくためには、「新しい市場」や「既存市場のローエンド」に存在する先進顧客に注目し、それぞれがもたらす機会や他社がその機会を活用しようとしていることを示す「シグナル」を探ることがスタートラインになる。

・3つの顧客状態に紐づく3つの事業機会
クリステンセンは業界変化のシグナルを把握するため、3種類の顧客集団について評価するべきと言う。

①「無消費者」または「無消費の状態の顧客」は新市場型破壊的イノベーションの事業機会を生み出し、
②「過剰満足の顧客」は「ローエンド型破壊的イノベーション」、ローエンド型破壊をもたらし得る「モジュールの置き換え」、そして、ローエンド型破壊や新市場型破壊をもたらし得る「エンドユーザへの接近」を生み出し、
③「満たされない顧客」は従来通りの持続的イノベーションをもたらすからである

つまり、破壊の変化は、「無消費者や無消費の状態の顧客」と「過剰満足の顧客」の状態について分析することで、その兆候を知ることができ、「満たされない顧客」状態を分析することで更なる持続的イノベーションの可能性について探ることができる。

◆「2　競争の激しさを評価する」
・競合比較のポイントは非対称性

イノベーションの兆候を確認した後、次に分析すべきは競合の優位性。つまり、競合企業の経営状況を把握し、非対称性の剣と盾を持っている企業を

探す「競争の激しさ」を評価すること。

◆「3　戦略的選択に目を配る」

プロセスの3つ目は、戦略的選択を考えること。戦略的選択とはまさに経営判断を意味し、壊のプロセスを正しく実行できるチャンスを増やす、または減らすような重要な戦略的選択に目を配ることが重要である。

ここでは重要な3つの選択は以下の通り。

①新規参入企業が誤った準備計画を実行する

②新規参入企業が既存企業と重複するバリューネットワークを構築する（既存企業が取り込みやすい）

③既存企業が破壊のための資源を集中して有利に活用する能力を身につける

◆「4　市場外の影響を考える」

・イノベーションの成功と市場外の環境変化

イノベーションの発生は、必ずしも自社、競合と顧客といった市場の問題だけでなく、市場外を含めた事業環境とも切り離せない。特に、ポーターらが批判される対象となった政府やその監督機関などの市場外の要因についてもクリステンセンは三部作の最後にあたる本書で述べている。

イノベーションが成功する要因は「動機づけ」と「能力」という2つの要素が含まれ、それらを併せ持っているとき多くの「イノベーションが開花」するという。

- 動機づけ／能力の枠組みを用いるための3つのステップ
  ①現在の企業の動機づけと能力に基づき、イノベーションを阻害する主な障壁を見つける
  ②障壁以外で市場外のプレーヤーによる動機づけと能力に影響を与える措置を確認する
  ③その措置の意味合いを判断する（障壁を取り除き、イノベーションを促進するものかどうか）

業界別分析ケース

第二部　理論に基づく分析の実例

教育業界のイノベーション予測

第五章　破壊の学位――教育の未来

航空業界のイノベーション予測

第六章　破壊が翼を広げる――航空の未来

半導体業界のイノベーション予測

第七章　ムーアの法則はどこへ向かうのか？
――半導体の未来

医療業界のイノベーション予測

第八章　肥大化した業界を治療する
――医療の未来

海外の企業と国のイノベーション予測

第九章　海外のイノベーション
――理論をもとに企業と国家の戦略を分析する

通信のイノベーション予測

第十章　電線を切断する――通信の未来

終章　結論――次に来るのは何か？

『イノベーションの最終解』目次　体系マップ

イノベーションの兆しの予測と対応

第一部　理論を分析に用いる方法

機会はどこか

第一章　変化のシグナル

競争はどの程度激しいか

第二章　競争のバトル

重要な選択肢には何があるか

第三章　戦略的選択

市場以外のインパクトはあるか

第四章　イノベーションに影響を与える市場外の要因

起業・ベンチャービジネスに特化した体系書

『ベンチャー創造の理論と戦略』

NEW VENTURE CREATION

起業機会探索から資金調達までの実践的方法論

ジェフリー・A・ティモンズ（著）
千本 倖生＋金井 信次（訳）
ダイヤモンド社刊
本体価格　7,800円

Keyword【キーワード】

① アントレプレナー
② 事業計画書

機能別分類

ゼネラルマネジメント	
論理的思考	
技術経営・アントレプレナーシップ	◎
ヒト（HR／組織行動）	○
モノ（マーケティング）	○
カネ（会計・財務）	○
戦略	○

キャリア職位別分類

初級者	中級者（マネージャー）	上級者（シニアマネージャー）
△	△	◎

読み継がれている理由

ベンチャー企業が活躍し、新時代を創る先導役を果たすことができれば、新たな経済の成長を成し遂げることができる。したがって、ベンチャー企業を起こすアントレプレナーの存在は非常に重要である。

しかし、1を100にするのと、100を1万にするのとでプロセスが異なるように、中堅企業と大企業の経営は大きく異なる。ましてやゼロから1を創っていかなくてはならないベンチャー経営となると、必要となる能力やルールなどマネジメントを実行する大前提は天と地ほど異なる。

本書は、起業家教育で世界的に評価の高い、バブソン大学教授の著書。ベンチャー起業に関する知識と経験の集大成として、世界中のビジネススクールで高く評価されている。膨大なケーススタディが語るベンチャーの歴史、知恵と実践の業績、そして成功の方程式。起業家のみならず、投資家やインキュベーターをはじめ、弁護士、コンサルタントにとっても実践的な解説書である。

原著『NEW VENTURE CREATION』（初版1997年）

要旨

最終的にビジネスプラン（事業計画書）の作成を目指しながらも、そのスタートと言えるベンチャー起業機会の評価、経営管理能力とノウハウの評価などのエクササイズや、プラン作成に必要な資源の評価、プラン作成前後における財務戦略と起業後の経営管理など、文字通りベンチャー経営に関して「ゆりかごから墓場」までを網羅した大著と言える。

エクササイズでは、理論に基づいて実際に活用できる詳細なテンプレートが掲載されており、理論だけでなく、実践にもあわせて活用できるなど、起業プロセスを疑似体験できる。

理論と具体的事例やテンプレートが詰まった体系書でありながら、基本的に、「大多数のベンチャー企業は市場から去って行く」、つまり「『失敗は法則』であり、例外ではない」という地に足のついた信念を元に、現実的な視点で展開される。

著者プロフィール≫

ジェフリー・A・ティモンズ（Jeffry A Timmons）
バブソン・カレッジ教授。1942年生まれ。ハーバード・ビジネススクールでMBAおよび博士号を取得。ベンチャービジネスおよびアントレプレナーシップの研究に関して、世界的にその業績を高く評価されている。また、ハーバードおよびバブソンでの大学教育、研究活動だけでなく、ベンチャーの創業者・投資家・取締役として、また、さまざまな財団や基金のアドバイザーとして活発な活動を続けた。2008年死去。

重要なメッセージ

◆ベンチャービジネスの生存確率は2年で73％、6年で37％、10年で9％。

◆アントレプレナーシップ（起業家精神）には思考（論理）と行動様式が重要である。

◆起業機会とは、単なるアイディアを思いつくことではなく、高付加価値の製品やサービスを顧客に提供するためのプロセスを確立できることである

◆革新的技術は起業の成功における必要条件であるが、十分条件とはなりえない。ベンチャー起業の中で最も重要なのは創業者と経営チームである。

◆ベンチャー企業の経営チームにとってチームワークは非常に大切であり、チームワークにより他のチームメートの仕事を容易にし、パートナーや主要な構成員からヒーローを生むことができる。

◆高いコミットメントを伴ったチームのメンバーは長期的視野に立ち、ベンチャーが一攫千金の儲け話ではないことを承知している。

◆チームのメンバーには、価値の創造を通してパイ自体を大きくすることにより、顧客、仕入業者、チームのさまざまな利害関係者など、すべてに利益

6つのアントレプレナーマインド

1　コミットメントと強固な決意
2　リーダーシップ
3　起業機会への執念
4　リスク、曖昧性、不確実性に対する許容度
5　創造性、自己依存、適応力
6　一流たらんとする欲求

をもたらそうとするコミットメントがある。

◆経営チームのメンバーが結束するための、報奨、給与、インセンティブなどの制度は、事業規模にかかわらず、企業価値の構築と投資収益に依存する。

◆財務戦略は、ベンチャー企業と起業家の目標、資金ニーズ、利用可能な資金調達方法によって決まるが、資金調達方法は交渉力と資金調達活動の管理能力で決まる。

◆リスクキャピタル調達の意思決定に必要な課題は、外部株主資本の必要性、創業者の外部株主資本に対する考え方、供給資金の源泉である。

◆資金調達の交渉での課題は次の通りである。

❶共同売却条項

公開前に投資家が所有株式を譲渡できる……後半投資に参加してきた投資家との利害対立を生み、起業家の資金調達能力を弱める

❷反希薄化条項

当初払込価格より低価格で株式譲渡が行われたとき、先行投資した投資家が無償で株式を受け取れる……投資家の観点からは良いが最後の資金調達が価格と取引構造を支配するという現実を無視

❸ウォッシュアウトファイナンシング
既存の優先株主が増資（追加投資）に応じない場合、大量の資金調達で全ての投資家、起業家の持分を希薄化。

❹強制買収
経営陣が一定の期日までに買い手を見つけられない場合、または公開できない場合、投資家があらかじめ合意された条件で買い手を探せる。

❺強制公開権
3年から5年の期間の中で投資家が少なくとも1回のＩＰＯを要求できる。

❻相乗り公開条項
投資家にＩＰＯで株式を売却する権利を与える。通常は株式仲介業者が決定を行う。

❼優先株式の強制償還
ＩＰＯが失敗した場合、強制償還で投資家の優先株式を買い取る義務をつくる。

❽キーパーソンの保険
会社がキーパーソンの生命保険加入を強制する。受取人は会社か優先株主。

ビジネスプランの作成

経営資源の活用の仕方とビジネスプランの作成方法

第３部 必要資源

第十章　必要資源
第十一章　ビジネスプランの策定

ビジネスプランの応用と実践

ベンチャー企業の資金調達とスタートアップ期、急成長期、収穫期における経営戦略

第４部 ベンチャー企業の財務戦略

第十二章　ベンチャーの資金調達
第十三章　リスクキャピタルの調達
第十四章　企業価値の評価と資金調達
第十五章　借入資本の調達

第５部 スタートアップおよびその後

第十六章　急成長の経営管理
第十七章　起業家とベンチャー企業の危機
第十八章　収穫とその彼方に
第十九章　個人的な起業戦略の策定

『ベンチャー創造の理論と戦略』目次　体系マップ

ベンチャー起業機会の評価

潜在的成長率が高い企業機会を
どのように発掘するか

第１部 起業機会

第一章　起業プロセス
第二章　新規事業のアイディア
第三章　起業機会の認識
第四章　起業機会の評価選択

経営管理能力とノウハウの評価

起業家がベンチャー企業の経営チームを
どのように成功へ導くか

第２部 創業経営者

第五章　起業家精神の理論と実践
第六章　起業家的マネジメント
第七章　ベンチャー経営ブーム
第八章　ファミリーベンチャー
第九章　起業家倫理

第4章

ヒト（HR／組織行動）

ビアー&スペクターほか『ハーバードで教える人材戦略』

ロビンス『新版　組織行動のマネジメント』

スペンサー『コンピテンシー・マネジメントの展開』（完訳版）

センゲ『最強組織の法則』

コッター『企業変革力』

人的資源管理（HRM）評価基準に関する体系書

『ハーバードで教える人材戦略』

MANAGING HUMAN ASSETS

ハーバード・ビジネススクールテキスト

M.ビアー＋B.スペクター＋P.R.ローレンス＋D.Q.ミルズ＋R.E ウォルトン（著）

梅津 祐良＋水谷 榮二（訳）
生産性出版刊
本体価格　2,500円

Keyword【キーワード】

① HRM（人的資源管理）
② 報償制度、職務制度
③ インフロー、内部的フロー、アウトフロー

機能別分類

ゼネラルマネジメント	○
論理的思考	○
技術経営・アントレプレナーシップ	○
ヒト（HR／組織行動）	◎
モノ（マーケティング）	
カネ（会計・財務）	
戦略	○

キャリア職位別分類

初級者	中級者（マネージャー）	上級者（シニアマネージャー）
△	◎	○

読み継がれている理由

ハーバードで初めて「人的資源管理（ＨＲＭ　Human Resource Management）」という科目が基礎科目として採用された際の原典。

人と組織の領域では、モチベーションやリーダーシップなどを扱う組織行動学がＭＢＡの基礎科目に入っていたが、それまで昇進制度や報酬制度、教育制度、退職管理制度などは、個別の制度を集めた制度（ハード）の管理と捉えられていた。つまり、それらの個別制度を扱う「人材管理（パーソナル・マネジメント）」はマネジメントの１ツールとして使われる傾向があった。

それらハードとしての制度を「ＨＲＭこそが組織行動」というソフトな部分とセットで人と組織の領域を体系化し、経営に活かしていく重要性を説いた最初の書。特に、「ヒト」は経営戦略に基づいた決定のもと「ヒト」「モノ」「カネ」の中で唯一感情を持ち、残りの「モノ」と「カネ」も取り扱う主役である。

「ヒト」とその集合である組織のマネジメントこそ、従来の人事部といった

原著『MANAGING HUMAN ASSETS』（初版1984年）

管理部門ではなく、すべてのライン・マネジャーが日々の業務とともにＨＲのマネジメントを理解し、実践する必要があると説いている。本質的に「制度集ではなく、経営戦略の中核としての人的資源管理を体系的に扱ったバイブル」として経営と密接につながりを持った人・組織の重要性を説いたのは本書が初めてであり、出版から30年以上経った現在でも未だ色あせることのない、間違いなく永遠の名著と言える。

要旨

本書が多くの理論本と異なる点は、ＨＲＭ（人的資源管理）を単なる人事・労務の専門マネジメントとしてではなく、あくまで「経営」の中で最も重要な資源として戦略の中心に置いて体系的なまとめを行っている点であろう。つまり、組織行動、組織開発、労務管理、人事管理などの理論を統合しながらも、あくまでゼネラル・マネジャーの視点でまとめられている。

全体像として、まずＨＲＭを以下４つの領域に分けて組み立てていることが挙げられる。

著者プロフィール≫

マイケル・ビアー（Michael Beer）ハーバード大学ビジネス・スクール教授。クイーンズ・カレッジ学士、ノースカロライナ州立大学修士、オハイオ州立大学博士を経て、コーニング社組織Ｒ＆Ｄ部門マネジャーへ。1975年からハーバード大学ビジネス・スクールで教鞭をとる。マネジメント・アカデミー理事、GTECH社取締役の傍らフォーチュン500社を対象とするコンサルティングを行う。『Breaking the Code of Change』（Harvard Business School Press共著）、『The Critical Path to Corporate Renewal』（Harvard Business School Press共著）ほか、著書多数。

①従業員の影響
②ヒューマンリソースフロー（人材フロー）
③報償システム
④職務システム

最初に従業員の影響を挙げているが、著者のM・ビアーらは「経営における中心的な役割をする従業員こそ重視すべきだ」という前提に基づいている。三角形を描き、それぞれの頂点にヒューマンリソースフロー（採用フロー、昇進などの内部フロー、退職フロー）、報償システム、職務システムを当てはめ、その三角形の中心に従業員の影響をすえた概念図を最初に描いている。

また、この４つの領域とともに企業の戦略に基づく人的資源管理であることを示す要因として、いかなるＨＲＭシステムの体系も、従業員に加え事業戦略とその条件、経営理念、労働市場、労働組合、職務技術、法律と社会的価値観などと密接に関連しており、その前提が変わればＨＲＭシステムもまた変化すべきである、としている。

実務的な観点で考えると、以下６つの点を解明することが重要である。

①どのように自社のＨＲＭ制度を診断し、長期・短期の結果を予想し、ど

うこの制度を変化させるべきか

②どのように全社的な競争戦略の中にこのＨＲＭ制度を組み込むか

③どのように従業員参加の仕組みをつくるか

④どのように、企業における生涯の資産としての従業員を組織内に受け入れられる人材フローを構築・管理するか

⑤どのような報償システムによってＨＲＭ制度の変化を支えていくべきか

⑥どのような職務システムで従業員の能力、コミットメントを高めるか

重要なメッセージ

◆ステークホルダーの利益

企業は複数のグループが利害関係を持つ小宇宙であり、協調的なときも対立的なときもある。

◆ＨＲＭ制度の選択肢

人事・労務管理に含まれる様々な活動は体系的に以下の４つの領域に分けられるが、これらを正しく把握し、運用することは人事ではなくライン・マ

ネジャーの役割である。

◆ＨＲＭ制度の成果の把握

ＨＲＭの諸制度が企業の業績、従業員の福祉、社会の福祉の向上に役立っているかどうかを評価するためには、

①従業員のコミットメント

②能力

③整合性

④コスト効果

という４つのＣの向上度合いを測る。

HRM 活動の４領域

1．従業員のもたらす影響	企業目標や労働条件、キャリア開発などの諸問題に対する従業員からの影響について定める制度をつくる。
2．ヒューマンリソースフロー	インフロー（採用）、内部フロー（昇進、異動、能力開発）、アウトフロー（退職）に関して、たとえば企業目標に基づいて「適正な能力を持った適正な数の要員を確保する」などといった職務を管理者がいかに責任を持って、また協力して遂行するのか。
3．報償システム	金銭的・非金銭的なものを問わず、企業としてどのような組織をつくって維持し、また従業員にどのような行動、態度をとってほしいかという点で明確な期待（主な発見、事実、または主張）を与えている。
4．職務システム	マネジャーは職務を定義し、設計することで組織化をまとめていく必要がある。

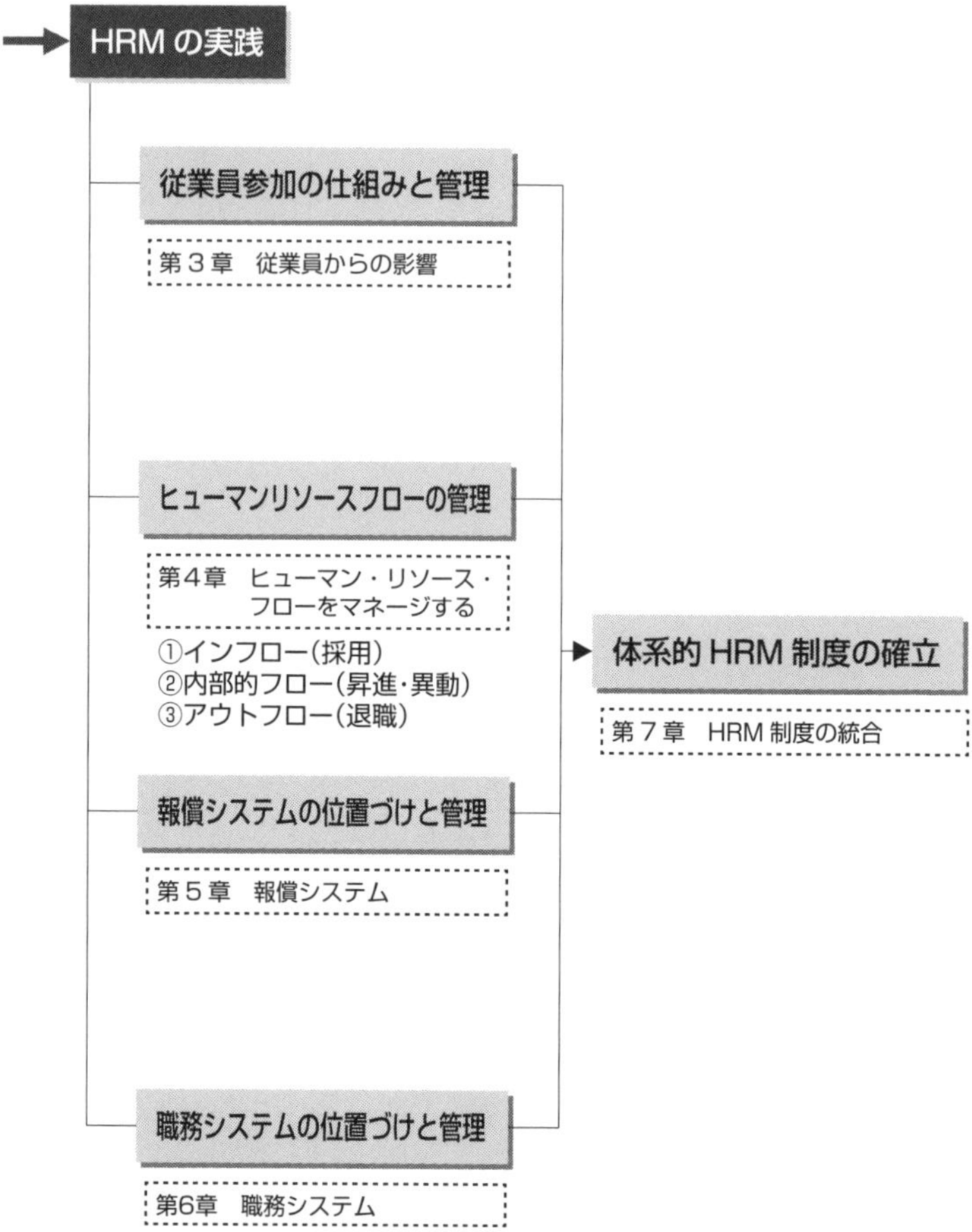
HRMの実践
従業員参加の仕組みと管理
第３章　従業員からの影響
ヒューマンリソースフローの管理
第4章　ヒューマン・リソース・フローをマネージする
①インフロー（採用）
②内部的フロー（昇進・異動）
③アウトフロー（退職）
報償システムの位置づけと管理
第５章　報償システム
職務システムの位置づけと管理
第6章　職務システム
体系的HRM制度の確立
第７章　HRM制度の統合

『ハーバードで教える人材戦略』目次　体系マップ

HRMの定義

４つの主要領域

第１章　ヒューマン・リソース・マネジメントとは何か

①従業員のもたらす影響
②ヒューマンリソースフロー
③報償システム
④職務システム

HRMの前提条件

第２章　HRMの概念的枠組み

①従業員の特性
②ビジネス戦略とその条件
③経営理念
④労働市場
⑤労働組合
⑥職務技術
⑦法律と社会的価値観

組織行動学の領域に関する体系書

『新版 組織行動のマネジメント』

Essentials of Organizational Behavior

―入門から実践へ―

スティーブン・P・ロビンス（著）

高木 晴夫（訳）
ダイヤモンド社刊
本体価格　2,800円

Keyword【キーワード】

① 組織行動学
② リーダーシップ

機能別分類

ゼネラルマネジメント	○
論理的思考	
技術経営・アントレプレナーシップ	○
ヒト（HR／組織行動）	◎
モノ（マーケティング）	
カネ（会計・財務）	
戦略	

キャリア職位別分類

初級者	中級者（マネージャー）	上級者（シニアマネージャー）
△	◎	○

読み継がれている理由

組織行動学のバイブル。社会学、心理学、社会心理学、人類学、政治科学など、行動科学の世界でも個別に議論されていた企業における組織行動を体系的にまとめ、それぞれ「個人」、個人の集まりである「集団」、そして集団の集まりである「組織」と、分析のレベルごとに組織行動で扱う動機づけやグループダイナミクス、組織文化、コミュニケーション、コンフリクト、権力などを統合して全体像をまとめた名著と言える。

要旨

品質と生産性を改善させる、対人関係スキルを身につける、エンパワーメントにより権限委譲を行う、部下を動機づける、グローバル化に対応する、変革を起こす等など……、これらはすべて組織行動学で扱うマネジメント領域である。

本書では、働くことを専門に扱い、人と組織がどのように行動するかを研

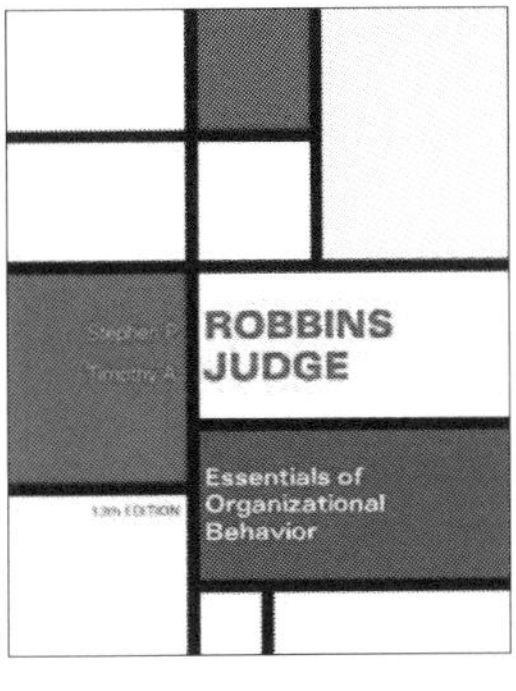

原著『Essentials of Organizational Behavior』（初版 1997 年）

究する「組織行動学」に基づいて、組織内で活用できるコンセプトや理論を体系的に説明している。そのために、行動について大きく、

①説明（なぜそうなったか）

②予測（どうなるか）、

③統制（どうすべきか）

といった重要な3つのポイントを押さえた上で、行動について現場で活かせる理解を深める。

また、行動を考えるレベルも大きく3つに分け、それぞれ

①個人

②グループ（個人の集まり）

③組織（グループの集まり）

について具体的に説明しているが、そこでは組織構造や職務設計、業績評価や報酬システムがいかに各レベルで作用するかに重点を置いて考察している。特に、グループを単に個人に対するマネジメントの集積として扱おうとしたり、組織を単にグループに対するマネジメントの集積として捉えただけでは適切に対処できないなど、組織行動学の具体的なメカニズムの真髄につ

著者プロフィール≫

スティーブン・P・ロビンス（Stephen P. Robbins）ネブラスカ大学、コンコーディア大学、バルチモア大学などで教鞭を取る。アリゾナ大学から博士号を取得。『Management, 5th edition』『Fundamentals of Management』『Organizational Theory, 3rd editon』などの著書があり、アメリカ国内の1,000以上の大学および世界各国で教科書として使用され、世界各国で使われる。

いて説明する。

重要なメッセージ

◆組織文化の違いを分析する次元は、以下の6つがある。

①環境との関係
②時間の捉え方
③人間の本質
④活動の志向性
⑤責任の焦点
⑥空間の認識

◆パーソナリティには、以下の5つの要因がある。

①外向性
②人
③誠実さ
④安定した感情

⑤経験に開放的

◆動機づけ理論に関して、欲求5段階説、X理論とY理論、動機づけ要因と衛生要因の初期の3理論は最も有名な基礎となるものである。その後、総合的に動機づけについて説明するものとして、

①魅力
②業績と報酬の関係
③努力と業績の関係

といった3つの変数で説明した期待理論があるが、どの動機づけ理論が最も有効かというのは文化的な違いによって大きく左右される。

◆人が集団に参加する理由は大きく、以下の6つに分かれる

①安心感
②ステータス
③自尊心
④親密さ
⑤力
⑥目標達成

◆リーダーシップの理論はいまだ解明されていない。しかし、主に4つのアプローチに分けられる。最も活用されるのは状況適合理論であるが、行き詰ったとされた特性理論（特にカリスマ型リーダー）の再検討など、いまだ議論が続いている。批判された理論がなぜ、どの部分が欠けていたのかを理解することが重要である。

◆コンフリクトとは「AがBの目的達成や利益の向上を結果的に失敗させるような何らかの形の妨害によって、Bの努力を打ち消そうと意図的に努力するプロセス」で、大きく、以下の3つのアプローチがある

①伝統的見解

②人間関係論的見解

③相互作用的見解

◆コンフリクトが善か悪かは、結局種類による。その種類は生産的コンフリクトと非生産的コンフリクトに分かれる。見分けは個人ではなく、集団に対するコンフリクトの影響力が生産的か、非生産的かによる。

◆組織構造は、

①職務専門化

②部門化
③指揮命令系統
④管理範囲
⑤集権化・分権化
⑥公式化、

という6つの要素によって、適合が決まり、異なる状況では特定の構造デザインが好ましくなくなる。

◆企業の業績評価や報酬制度によって、従業員の態度や行動に大きな影響を与える。評価軸は個人の業務成果か、行動か、特性か、誰が評価するか、どのような手段で評価するかなどで決まる。

◆評価の潜在的問題は大きく次の6つがある。

①単一基準の問題（基準配分の不適）
②寛大誤差の問題（評価者による違い）
③ハロー誤差の問題（ある一つの基準となる特性が他の特性の評価にも影響を与える）
④類似誤差の問題（自分自身の特性を重視して評価）

⑤低文化度の問題（評価のメモリが荒い）
⑥非業績基準に一致させる問題（本来の基準を任意に調整）

◆組織文化は各組織内での特異的な特性によって成り立つ。大きく、
①革新およびリスク性向
②細部に対する注意
③結果志向
④従業員重視
⑤チーム重視
⑥積極的な態度
⑦安定性、
という7つの変数の掛け合わせである。

◆組織変革のステップは、①解凍（問題認識の共有）→②変革（移行）→③再凍結（定着化）によって成り立つ。

個　人

第Ⅱ部　組織の中の個人

- 第2章　個人の行動の基礎
- 第3章　パーソナリティと感情
- 第4章　動機づけの基本的なコンセプト
- 第5章　動機づけ：コンセプトから応用へ
- 第6章　個人の意思決定

集　団　個人の集まり

第Ⅲ部　組織の中の集団

- 第7章　集団行動の基礎
- 第8章　“チーム”を理解する
- 第9章　コミュニケーション
- 第10章　リーダーシップと信頼の構築
- 第11章　力（パワー）と政治
- 第12章　コンフリクトと交渉

組　織　集団の集まり

第Ⅳ部　組織のシステム

- 第13章　組織構造の基礎
- 第14章　組織文化
- 第15章　人材管理の考え方と方法
- 第16章　組織変革と組織開発

『新版　組織行動のマネジメント』目次　体系マップ

組織行動学

第Ⅰ部 組織行動学への招待

第1章　組織行動学とは何か

人的資源管理（HRM）評価基準に関する体系書

『コンピテンシー・マネジメントの展開（完訳版）』

COMPETENCE AT WORK

ライル・M・スペンサー
＋シグネ・M・スペンサー（著）

梅津 祐良＋成田 攻＋横山 哲夫（訳）
生産性出版刊
本体価格　6,000円

Keyword【キーワード】

① HRM
（ヒューマンリソースマネジメント）
② 組織行動学
③ コンピテンシー

機能別分類

ゼネラルマネジメント	
論理的思考	
技術経営・アントレプレナーシップ	
ヒト（HR／組織行動）	◎
モノ（マーケティング）	
カネ（会計・財務）	○
戦略	

キャリア職位別分類

初級者	中級者（マネージャー）	上級者（シニアマネージャー）
△	△	◎

読み継がれている理由

ハーバード大学心理学教授のデイビッド・マクレランドによって１９７０年代に提唱されたコンピテンスの概念を、弟子であるスペンサーによって経営の世界で体系化・具現化したのが本書である。

近年多くの企業で導入されつつあるコンピテンシー・モデルの原典であり、詳細・精密なコンピテンシー・ディクショナリーを提示したコンピテンシー経営のバイブル。延べ20年間にわたり実施された計２８６もの研究結果を元に書かれている。

当然日本の経営にも重要な示唆を与えるバイブルである。以前の翻訳版は一部の章が割愛されていたが、現在刊行されている「完訳版」が出たことにより、すべての内容を読むことができるようになった。

要旨

本書の体系は、まず産業心理学、組織心理学に基づくコンピテンシー研究

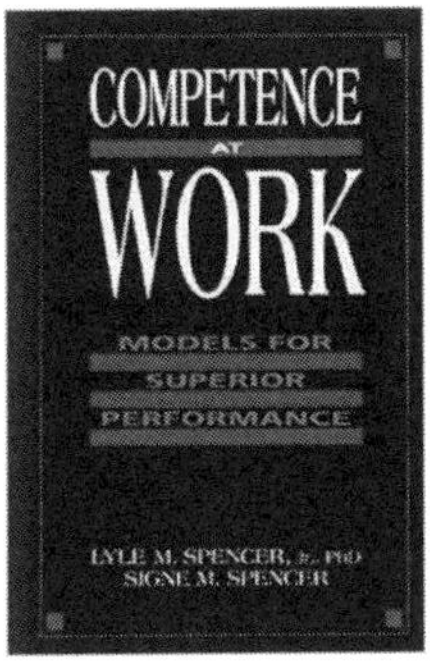

原著『COMPETENCE AT WORK』（初版 1993 年）

の歴史と言葉の定義を押さえた上で、ハイパフォーマーに共通する21のコンピテンシー・ディクショナリーを緻密に紹介する。その後、コンピテンシー・モデル研究のためのリサーチとデータ分析法について説明し、特に職務別コンピテンシー・モデルの例として、技術者や専門職、セールス職、支援・人的サービス従業者、そして管理職それぞれの成功するコンピテンシーについて詳細が述べられる。

また、一方で人材マネジメントを行う上でコンピテンシーが関連する人材フロー（採用、配置、開発など）の各小機能の視点からも、その適用法を考察する。つまり、情報化社会、ナレッジワーカーの不足、人材の多様化、グローバル化、人工知能の活用などの諸問題に、コンピテンシーをどう適用するべきかについて提言している。

20年もの研究を元に将来の提言まで掲げた大著ながら、新たなナレッジの創造に追いつくため「3カ月に1回の頻度でコンピテンシー・ディクショナリーを更新していく必要がある」という提言にはうなずけるものがある。

著者プロフィール≫

ライル・M・スペンサー（Lyle M. Spencer, Jr.）
マックバー社社長・CEOおよびヘイ・マネジメンツ・コンサルタンツのテクニカル・ディレクター

重要なメッセージ

◆コンピテンシーとは、「さまざまな状況を超えて、かなり長期間にわたり、一貫性をもって示される行動や思考の方法」のことをいう。

◆コンピテンシー特性の体系は、
①動因……モチベーション
②特性……身体的特徴や様々な状況、情報に対する一貫した反応
③自己イメージ……個人の態度、価値観、自我像
④知識……特定の領域で個人が保持する情報
⑤スキル……身体的、心理的タスクを遂行する能力
の5つである。

◆コンピテンシー研究デザインは、
①業績硬化性の尺度を定義する
②尺度ごとのサンプルを選ぶ
③データを収集する
④データを分析し、コンピテンシー・モデルをつくる

著者プロフィール≫

シグネ・M・スペンサー（Signe M. Spencer）
マックバー社シニア・リサーチ・アソシエイト

⑤コンピテンシー・モデルの妥当性を検証する
⑥コンピテンシー・モデルの適用を準備する
という6つのステップを踏む。

◆非管理職スタッフに見られる職種間のコンピテンシー要件の違いと比較して、管理職のコンピテンシー要件は似ている。管理職のコンピテンシー・モデルは次のとおり（優先順位は括弧内の数字で示されたウエイト付けで示す）。

①インパクトと影響力（6）……個人的利益ではなく、全社的利益を考えて影響力を行使する。
②達成重視（6）……自分だけでなく、部下やチームのために業績測定、目標設定、コスト効果分析を行う。
③チームワークと協調（4）……部下だけでなく、同僚、上司に対してもインプットと参画を求める参画型マネジメントを進める。
④分析的思考（4）……常に業績や物事の影響について論理的に分析し、原因・結果を突き止めて対策を計画する。
⑤イニシアティブ（4）……決まった仕事の範囲を超えて将来の機会を察

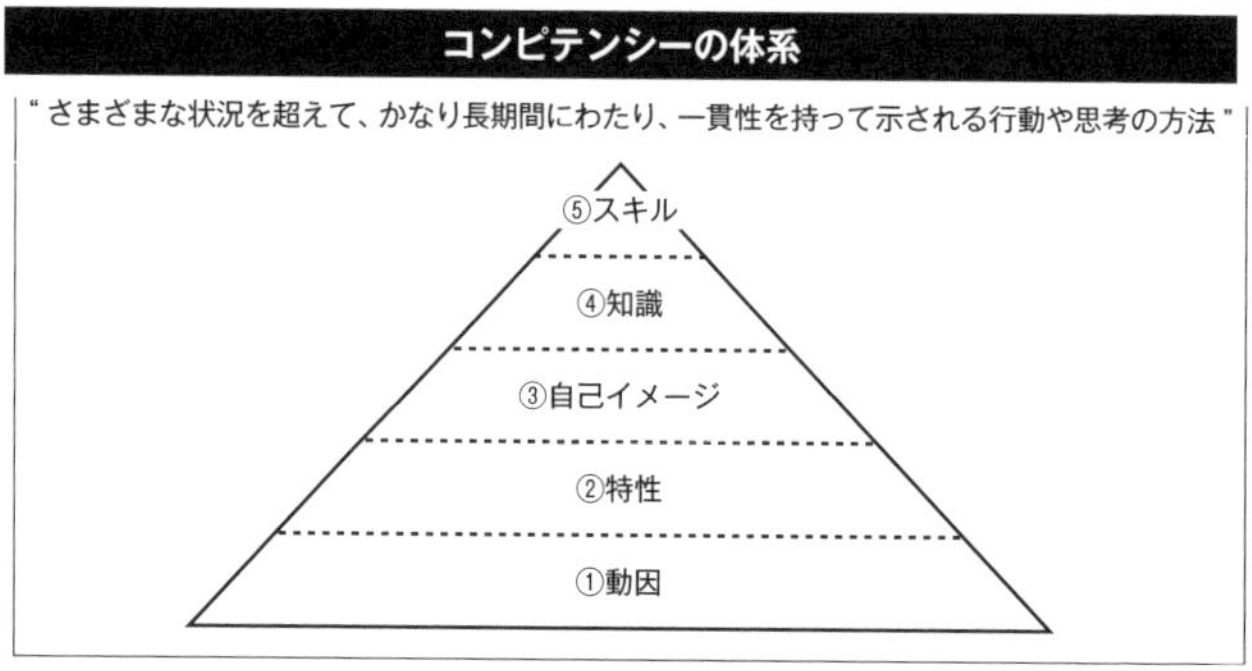

知し、将来の問題に対処をする。
⑥人の育成（3）……建設的なフィードバックを与え、励ましながら、指示、提案、説明、支援とともにコーチングを行う。
⑦自己確信（2）……自分の能力・判断に自信を持ち、挑戦的な仕事を楽しみ、上司へ積極的に相談・質問を行う。
⑧対人関係理解（2）……他人の態度、興味、ニーズ、見解を理解し、長所、短所を把握した上で、行動の理由を理解する。
⑨指揮命令／自信（2）……相手にNOと言え、高い業績目標を要求する。
⑩情報探求（2）……問題を分析し、将来の機会を掴むために体系的に、かつ多くの情報源から情報を収集し、時には実際に出かけていって獲得する。
⑪チーム・リーダーシップ（2）……高い業績基準を設定し、コミュニケートする。
⑫概念化思考（2）……他の人たちにわからない関連やパターンを見つけ、差異に気付き、問題や必要なアクションを識別する。なお、専門能力、専門知識は最低必要要件である。

コンピテンシーの「実践」

→ **コンピテンシーの測定** →

第Ⅲ部 コンピテンシー・モデルの開発

- 第10章　コンピテンシー研究をデザインする
- 第11章　行動結果面接（BEI）の仕方
- 第12章　コンピテンシーモデルの開発

コンピテンシーの「応用」

→ **HRM 諸制度との連動**

第Ⅴ部 コンピテンシー・ベースの応用

- 第18章　採用、配属、定着、昇進における評価と選考
- 第19章　パフォーマンス・マネジメント
- 第20章　後継者育成計画
- 第21章　能力開発とキャリア・パス
- 第22章　報酬(ペイ)
- 第23章　人材マネジメント統轄的情報システム(IHRMIS)
- 第24章　社会への適用
- 第25章　コンピテンシー・ベースの人事管理（HRM）の将来

具体的な事例の提示

第Ⅳ部 研究結果の検討：一般コンピテンシー・モデル

- 第13章　技術者および専門職
- 第14章　セールス職
- 第15章　支援・人的サービスの従事者
- 第16章　管理者
- 第17章　起業家

『コンピテンシー・マネジメントの展開』目次　体系マップ

コンピテンシーの「基礎」

コンピテンシーの定義

第Ⅰ部 コンピテンシーの考え方

第１章　序に代えて
　　　　(D.C.マクレランド)
第２章　コンピテンシーとは何か

コンピテンシーの基本要素

第Ⅱ部 コンピテンシー・ディクショナリー

第３章　コンピテンシー･ディクショナリーの構築
第４章　達成とアクション
第５章　支援と人的サービス
第６章　インパクトと影響力
第７章　マネジメント･コンピテンシー
第８章　認知コンピテンシー
第９章　個人の効果性

学習する組織を作るための研究

『最強組織の法則』

―新時代のチームワークとは何か―

The FIFTH DISCIPLINE：The Art&Practice of The Learning Organization

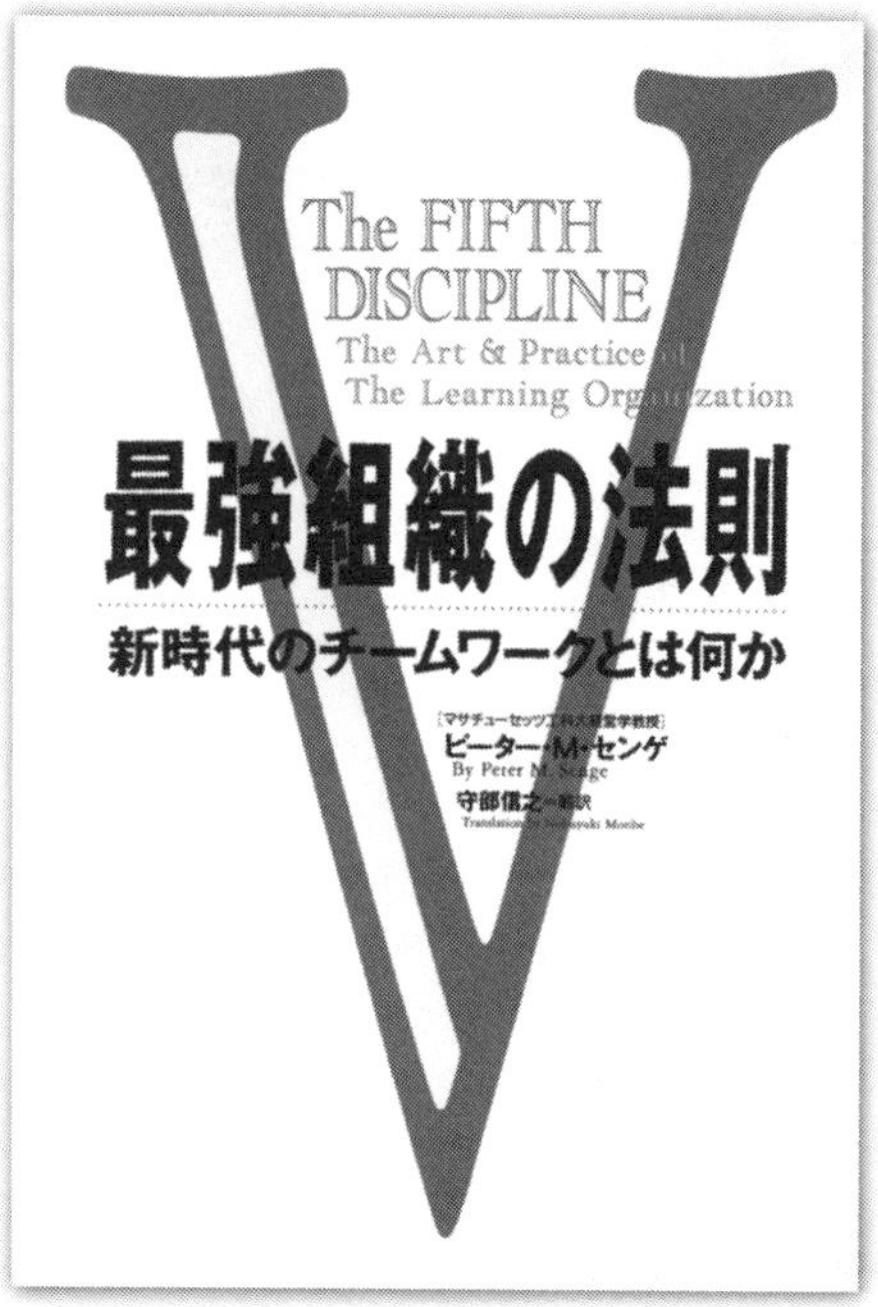

ピーター・M・センゲ（著）

守部 信之（訳）
徳間書店刊
本体価格 1,900円

Keyword【キーワード】

① 組織行動学
② リーダーシップ
③ システム思考
④ラーニング・オーガニゼーション

機能別分類

ゼネラルマネジメント	○
論理的思考	○
技術経営・アントレプレナーシップ	○
ヒト（HR／組織行動）	◎
モノ（マーケティング）	
カネ（会計・財務）	
戦略	○

キャリア職位別分類

初級者	中級者（マネージャー）	上級者（シニアマネージャー）
△	△	◎

読み継がれている理由

企業再生や変革などの必要性がクローズアップされている現在、アメリカ以上に日本がマネジメントと組織の変革を成功させる必要性があると言える。バブル崩壊直前の日本が絶頂であった1990年に発表された本書であるが、皮肉なことにその必要性はむしろ日本企業の方が高いのかもしれない。個人の学習ではなく、組織が学び、変革していくために何が必要かという現場におけるマネジメントの本質を突いた名著。

要旨

組織行動（パワー、動機づけなど）の領域においても、企業は自律的に学習をしていくラーニング・オーガニゼーション（学習する組織）を目指すことが最も理想的だといわれている。しかし、自律成長の組織を作るためには、当然、自立的に行動する個人とそれをフォローする仲間、そしてサポートする組織文化などの制度が必要となる。

原著『The FIFTH DISCIPLINE：The Art & Practice of The Learning Organization』（初版1990年）

本書は、自律成長の組織を作り、会社を変え、組織を変革していくためには何が必要なのかを体系的に説いている。学習する組織、システム思考など、組織デザインに関する新しい概念を提唱したバイブルである。

本書で繰り返し説かれる「システム思考」とは、物事を単発の現象の連続と捉えることなく、論理思考の概念のように物事を構造的に捉え、その中で最も影響力の大きい要因と小さい要因（変数）を識別することと説明している。

重要なメッセージ

◆この本で意味する「ディシプリン」とは、学習し習得するべき理論および技術の総体であり、実践されるべき課題を指している。

◆ラーニング・オーガニゼーションの5つの鍵（ディシプリン）は以下のとおり。

❶システム思考

全体のパターンを明らかにし、それを有効に変えていく視点でものを考え

著者プロフィール≫

ピーター・M・センゲ（Peter M.Senge）マサチューセッツ工科大学（MIT）経営学部教授、同大学の「組織学習センター」の理事を経て、現在、MIT スローン校経営学部上級講師、組織学習協会（SOL: Society for Organizational Learning）の創設者兼初代会長である。フォード、DEC など多くの企業に、学習する組織（ラーニング・オーガニゼーション）の理論と実践を紹介する。

ること。第1のディシプリンとして重要視されるこのシステム思考は、これに続く他の4つを統合するものとされる。このシステム思考によって全体をまとめ、一貫した実行プランを構築できる。

❷自己マスタリー

現実を客観的にとらえる。そのために、個人の視野を広げ、常に現実への理解を深めていくことの重要性を意識的に認識する必要がある。

❸メンタル・モデルの克服

自分たちの心に知らないうちに固定化されたイメージや概念（メンタル・モデル）を分析し、精査する。

❹共有ビジョンの構築

組織内で共通のアイデンティティとミッションのもとに個人を結束させる。そのためには、お題目だけのビジョンではなく個々人が心から納得し、参加できるような共通の「将来像」を掘り起こし、コミュニケーションを続ける必要がある。

❺チーム学習

現代の組織では、個人ではなくチームで成果を出し、そのための学習の基礎を構築する。チームが学び、成長できなければ集合体としての組織も成長できない。

◆企業の抱える7つの学習障害は以下のとおり。

❶「職務イコール自分」

個人が自分の職務だけに気をとられると、すべての職務が関連しあって生まれる結果に対して責任感が薄れ、職務間の連携が阻害される。

❷「敵は向こうに」

「職務イコール自分」という考えと同様、自分の仕事にしか目が向かないと、何のために仕事をしているかという本質的な目的や、自分の行動の影響が職務の範囲をこえてどう広がっていくかを認識できなくなる。そのような中、自分の仕事の結果が悪い形ででてくると、理由を外に向け、自分以外のせいにしようとする。

❸積極策の幻想

「向こうの敵」と戦おうとひたすら攻撃的になるとすれば、人は受身に反応しているということになる。これは積極策の幻想であり、真の積極性は、自分の抱える問題にどのように寄与するかの見通しから生まれる。

❹個々の出来事にとらわれる

今日、われわれの組織および社会の生き残りにとっての中心的脅威は、不意の出来事からではなく、徐々にゆっくり進行するプロセスからくること

❺ゆでられた蛙の寓話：徐々に変化してゆくプロセスを見極める力を養うには、いまの慌しいペースをゆるめ、全体像を見極めた上で、派手なものだけでなく目立たないものにも注意を払う必要がある。

❻体験から学ぶという錯覚

人は経験から最も多くのことを学ぶが、重要な決定の場合はたいてい（その影響が長期にわたって影響するため）、その帰結を直接には経験しない

❼経営チームの神話

経営チーム＝組織のさまざまな機能と専門分野を代表する有能で経験豊富な管理職の一団のはずが、実際は会社の現状を擁護し、保身のための能力だけが有能な「熟練した無能」（経営陣自体が学ぶことを避けるのにとてつもない能力を発揮する人々の群れ）と化してしまう。

◆システム思考において重要な点は、レバレッジの原則（構造のどこに働きかけ、どこを変えれば決定的かつ持続的な改善へとつなげるか）を把握する

こと→システム思考の最大の利点：きわめて複雑な状況においてハイ・レバレッジは何かを見分けられること。

◆システム思考の技術

複雑さの根底にひそみ、変化を生じさせている構造を見ぬくこと→ハイ・レバレッジの変化は基本的戦略の転換を意味する

◆システム思考の法則は、

①今日の問題が昨日の「解決策」からくる
②システムは押せば押すほど強く押し返す（補償的フィードバック）
③状況はいったん好転してから悪化する
④安易な出口は通常元に戻る
⑤治療策が病気そのものより問題なことがある
⑥急がば回れ
⑦原因と結果は時間的・空間的に近隣しているとはかぎらない
⑧小さな変化が大きな結果を生むことがある。しかし一番効果のある手段はしばしば一番見えにくい
⑨ケーキを手に入れ、しかも味わうことができる（同時にではないが）

⑩1頭の象を分割しても小象2頭にはできない
⑪罪を着せる外部はない
などがある。

課題解決の５つのディシプリン → **応用と更なる課題への対応**

ラーニング・オーガニゼーションの中核ディシプリン

障害回避の基礎

第２部　システム思考革命
①システム思考

- 第四章　システム思考の法則
- 第五章　考え方をシフトする
- 第六章　減少を支配するパターンを見抜く
- 第七章　レバレッジの原則
- 第八章　木を見て森も見る

学習組織の応用

第４部　創造への課題

- 第十三章　組織の分権化
- 第十四章　管理職の時間
- 第十五章　仕事と家庭の対立が終わる

学習する組織の構築

第３部
ラーニング・オーガニゼーションの構築
②自己マスタリー
（個人の視野を常に明瞭にし，深めていくこと）

- 第九章　自己マスタリー

③メンタルモデルの克服
（既存の枠からの脱出）

- 第十章　メンタルモデルの克服

④共有ビジョン
（企業の根幹をなすアイディアを育てる）

- 第十一章　共有ビジョン

⑤チーム学習
（意見交換とディスカッションの見直し）

- 第十二章　チーム学習

第５部
組織学習の新しいテクノロジー

- 第十六章　マイクロワールド１
（未来の経営戦略に潜む危険性を予測する）
- 第十七章　マイクロワールド２
（経営問題の全体像を把握する）
- 第十八章　マイクロワールド３
（サービス業におけるレバレッジの発見）
- 第十九章　新しいリーダーシップ
（３人の最高経営責任者が語る経営変革の信念

『最強組織の法則』目次　体系マップ

課題の定義

ラーニング・オーガニゼーションとは何か

７つの学習障害

第１部　最強組織の条件

第一章　充分長いてこがあれば片手で世界を動かして見せよう（管理から創造への飛躍）
第二章　組織はかく思考する（企業の抱える７つの学習障害）
第三章　システムの囚人、考え方の囚人?（ビール・ゲームの教訓）

組織変革を進めるプロセスに関する研究

『企業変革力』

Leading Change

ジョン・P・コッター（著）

梅津 祐良（訳）

日経 BP 社刊

本体価格　2,000円

Keyword【キーワード】

① 組織行動学
② リーダーシップ
③ 組織（企業）変革

機能別分類

ゼネラルマネジメント	○
論理的思考	
技術経営・アントレプレナーシップ	○
ヒト（HR／組織行動）	◎
モノ（マーケティング）	
カネ（会計・財務）	
戦略	○

キャリア職位別分類

初級者	中級者（マネージャー）	上級者（シニアマネージャー）
△	△	◎

読み継がれている理由

今日のビジネスは、グローバル化の進展と共に変化の速度が速く、競争も激化している。その経営環境に企業が対応する際、障害を減少させ、機会を活かしていくためには大規模な変革が必要となる。大規模変革には、リストラクチャリング、リエンジニアリング、M&A、文化変容などさまざまな方法があるが、従来のマネジメント機能を駆使するだけでは成し遂げることはできない。

本書は従来のマネジメント至上主義からリーダーシップを重視する方向への転換を主張するリーダーシップ論のバイブル的存在であり、変革リーダーがどのような「強い意志」と「スキル」をいかに活用していくか、ということについて説いている。

要旨

改善と改革は違う。つまり、継続的改善ではなく、リストラ（人的整理で

原著『Leading Change』（初版 1996 年）

はなく、事業の再構築としてのリストラクチャリング）やM&Aなどに伴って必要となる企業文化変革を行う場合には、従来のマネジャーによるマネジメントではなく、リーダーによるリーダーシップの発揮が必須となるが、そのために必要な8つの段階について、論理的に示している。

つまり、本書における前提は、マネジメント力とリーダーシップ力は明確に異なるということである。

マネジメント力とは、企業内のプロセスを計画し調整し統合するスキルのことで、リーダーシップ力とは、新たな文化を持つ組織を生み出したり、激しく変化している環境に現在の組織を適応させるために文化を変えるスキルとしている。

また、この役割の違いとともに社内のキャリアパスにも変化を及ぼし、今後は調整が上手いだけのマネジャーでは不十分であり、リーダーシップを大きく獲得したマネジャーの重要性が強くなってくる、と主張している。

管理者としての成功への道も今後は変わる。大組織の中でマネジメントを学びつつ昇進をはかってきたこれまでのキャリアパスは、十分なリーダーシップ能力の獲得という点では不十分だ。「21世紀において成功を収めるキャ

著者プロフィール≫

ジョン・P・コッター（John P. Kotter）ハーバード・ビジネス・スクール教授。マサチューセッツ州ケンブリッジに設立されたコッター・アソシエイツの創設者兼会長でもある。MITとハーバード大学を卒業後、1972年以降、ハーバード・ビジネス・スクールで教鞭を取る。1980年に33歳の若さで終身教職権を獲得し、ハーバードの歴史の中でも最年少の正教授の栄誉に就く。

リアはもっとダイナミックなものになるはずだ」と著者は主張している。会社で働いている人たちへの示唆を含む議論である。

重要なメッセージ

◆成功を収める変革は、70～90％はリーダーシップによってもたらされ、残りの10～30％がマネジメントによってもたらされる

◆企業変革が失敗する要因は以下の８つである。

①従業員の現状満足を認めてしまうこと。改革に対する十分な危機感を作る前に変革の実行プランを進めてしまうこと

②一部のチームだけが動き、変革推進のための連帯を築くことを怠ってしまうこと

③ビジョンの重要性を過小評価してしまうこと。ビジョンは、多数の人材を結び付ける唯一の媒体。「変革を推進するビジョンを5分以内で説明しきれない場合、あるいは従業員がそれを理解し咀嚼する際に混乱を示した場合は、問題は必ずそこにある」

組織変革のステップ

企業変革ステップ（レヴィン）	企業変革の８段階（コッター）	概要	
1．解凍（認識）	1．従業員の認識徹底	実行する現場の全従業員に変わる必要性を認識させる	市場分析、競争分析、自社分析
	2．マネジメント層のコミットメント	マネジメント層にも重要性の理解と実行支援を促す	トップマネジメントが参画する変革グループを結成
2．移行（実行）	3．ビジョンの作成	変革プログラムの方向性を示すビジョンとそのための戦略を策定	ビジョン、戦略の策定
	4．ビジョンの伝達	ビジョン、戦略の組織への浸透を促す	推進チームの実績を元にした行動様式
	5・ビジョン実現のサポート	社員のビジョン実現へのサポート	問題点の排除（制度等を含む課題）
	6．短期的成果へ向けた計画･実行	業績改善計画と効果測定による組織モチベーション向上	計画の策定、結果の報告、表彰制度
3．再凍結（定着）	7．成果の定着と更なる変革の実現	ビジョン、戦略と合わない課題の排除と改善	新たな制度に基づく運営
	8・新たなアプローチの定着	新たな行動様式と成果の因果関係の明確化と制度化	具体的行動様式、リーダーシップ

④ビジョンを周知徹底しないこと。適正に構築されたビジョンにより、共通認識を抱く前に改革を進めてしまうこと

⑤新たなビジョンに連なる問題の発生を容認すること。ビジョンが崩れれば変革は進まない。このビジョンの達成という信念には統一性が必要で、ビジョンに合致しない例外を容認した途端に土台が崩れる

⑥短期的な成果を重視しないこと。短期的な成果は、従業員に対する自信と間違っていなかった方向性についての確信を与える。具体的な目標とスケジュールが入った計画を設定し、その成果に応じて褒賞、昇進、昇給を関連づけることで一貫性を持たせることが重要

⑦早急に勝利を宣言する。定着する前に改革成功を認めるのは大きな落とし穴

⑧変革を企業文化に定着させることを怠る。緊張感のピークにある非常時での行動でなく、平常時でも個人がそれぞれ納得して定着した行動が期待できる状態になるまでは改革中と心がける

◆企業変革が失敗する要因によって導びかれる現象は以下の5つである。

①新たに立案された戦略がうまく機能しない

②Ｍ＆Ａによって想定していた相乗効果が発揮されない
③リエンジニアリングに膨大なコストと時間がかかる
④ダウンサイジングによるコスト削減効果が発揮されない
⑤品質向上プログラムにおいても、目標が達成されないなどの結果を生じることになる

◆変革ビジョンは、難しい専門用語やＭＢＡ的表現を使って表現してはならない。明確にわかりやすい表現で誰にでも伝わるようにしなければならない。

企業変革の実践プロセス

第２部
八段階の変革プロセス

①危機意識を高める

第三章　危機意識を生み出せ

②変革推進のための連帯チームを築く

第四章　変革を進めるための連帯

③ビジョンと戦略を生み出す

第五章　ビジョンと戦略を作る

④変革のためのビジョンを周知徹底する

第六章　ビジョンを周知徹底する

⑤従業員の自発を促す

第七章　従業員の自発を促す

⑥短期的成果を実現する

第八章　短期的な成果の重要性

⑦成果を基に、更なる変革を推進する

第九章　成果を活かしてさらに変革を進める

⑧新しい方法を企業文化に定着させる

第十章　新しい方法と企業文化

企業変革の今後

第３部
変革の持つ意味

将来の成功企業像

第十一章　これからの企業像

将来のリーダーシップ像と継続教育

第十二章　リーダーシップと継続的学習

『企業変革力』目次　体系マップ

企業変革の基礎

第１部
変革に伴う課題とその解決

企業変革の課題

第一章　企業変革はなぜ失敗するのか

成功する企業変革の要素とプロセス

第二章　成功する変革とその源動力

第5章

モノ(マーケティング)

コトラー&ケラー『コトラーとケラーのマーケティング・マネジメント』(第12版)

ライクヘルド『顧客ロイヤルティのマネジメント』

ラブロック&ライト『サービス・マーケティング原理』

アーカー『ブランド・エクイティ戦略』

サイモン&ドーラン『価格戦略論』

ブリッグス&スチュアート『刺さる広告』

ハース『アイデアのちから』

マーケティング領域全体の体系書

『コトラー＆ケラーのマーケティングマネジメント 第12版』

Marketing Management（12th Edition）

フィリップ・コトラー＋
ケビン・レーン・ケラー（著）

恩藏 直人（監訳）　月谷 真紀（訳）
丸善出版刊
本体価格　8,500円

Keyword【キーワード】
① マーケティング
② ターゲットマーケティング
③ マーケティングミックス

機能別分類

ゼネラルマネジメント	○
論理的思考	
技術経営・アントレプレナーシップ	○
ヒト（HR／組織行動）	○
モノ（マーケティング）	◎
カネ（会計・財務）	○
戦略	○

キャリア職位別分類

初級者	中級者（マネージャー）	上級者（シニアマネージャー）
△	◎	○

読み継がれている理由

いわずと知れた、マーケティング界の巨匠フィリップ・コトラーによる、マーケティングのバイブルである。

コトラー自身、多くの著書を出しているが、世界のビジネススクールでマーケティングの指定テキストとして使われるのは同氏の名著の一つである『マーケティング原理』ではなく、本書『マーケティング・マネジメント』である。

本書は１９６７年刊行の第１版以来、マーケティング界のバイブルとして君臨してきたテキスト第12版の翻訳である。第12版よりブランディングを担当するケビン・レーン・ケラーが共著者として参加。ちなみに、この12版は途中からピアソン桐原から丸善出版へと版元が変更されている。

コトラーの「マーケティング・マネジメント」シリーズは、その圧倒的な網羅性と事例の豊富さは他のマーケティング書籍を圧倒しており、それほど本書の領域が体系的であることを意味しているが、あまりに領域が幅広く網羅されているため、安易な参照用として手にすると全体像を見失う恐れも

原著『Marketing Management』（初版1967年）

ある。

辞書代わりに、そして参照用に手元に置きたいバイブルだ。

要旨

この第12版は、先に翻訳されたミレニアム版（第10版）と同様、特徴としては圧倒的な網羅性と体系的に組み立てられた理論、実践、洞察の深さ、そしてその理論の説明に使用される具体的事例によって、「マーケティングのバイブル」という名誉を確立している。

本書の流れもマーケティングの基礎や前提を第一部で見た上で、環境分析、マーケティング戦略、そして戦術の策定と管理といった定番の「マーケティング政策立案プロセス」で進む。

つまり、
①環境分析をＳＷＯＴで見た後、
②ターゲットマーケティング（セグメンテーション、ターゲティング、ポジショニング）で戦略を固めた上で、

著者プロフィール≫

フィリップ・コトラー（Philip Kotler）マーケティングの世界的権威。ノースウエスタン大学ケロッグ・スクール・オブ・マネジメントで教鞭をとる。1931年生まれ。『ジャーナル・オブ・マーケティング』誌の年間最優秀論文、アルファ・カッパ・サイ賞（3度）、アメリカ・マーケティング協会（AMA）年間優秀マーケティング教育者賞およびポール・D・コンバース賞受賞など、数多くの賞に選ばれている。IBM、ゼネラル・エレクトリック、AT&T、ハネウェル、バンク・オブ・アメリカ、メルク、スカンジナビア航空、ミシュランなどのコンサルティングも実施。

③その戦略に基づく戦術（マーケティングミックス　４Ｐ）
を考え、
最後に④具体的な現場の管理である組織運営や実行評価、コントロールといったオペレーション上の課題を検討するといった形で説明がまとめられている。

インターネットやウェブを活用したマーケティングだけでなく、顧客維持のマーケティング、サービス・マーケティングなど、経営環境の変化に伴うマーケティング戦略やその手法についてもページを多く割いているほか、新たな共著者ケラーの参加により、ブランドマネジメントに関しても深い洞察が加わっている。ブランドマネジメントの権威である後述のＤ・Ａ・アーカーと共同研究を行うなど、アーカーと並び評されるが、特にブランドエクイティという概念を体系化したアーカーに対し、それらのマネジメントにおける活用を目指し、具体的な掘り下げを行った点で高い評価を受けている。

実際、多くの製品がコモディティ化し、市場が拡大しない中で競争の激化が進み、豊富な情報獲得インフラの整備とともに顧客優位の世界が進んでいる現在、顧客は常により高い価値を提供してくれる企業へと移動するのを避

著者プロフィール≫

ケビン・レーン・ケラー (Kevin Lane Keller) ブランド、ブランディング、戦略的ブランド・マネジメントの研究の権威。1956 年生まれ。デューク大学フクア・ビジネススクールで博士号を取得。ブランド・エクイティの構築、評価、管理に関するマーケティング戦略および戦術の研究を行う。ダートマス大学タック経営大学院E・B・オズボーン・マーケティング教授。

けられない。その中では、市場の絞込みが進み、新規顧客よりも顧客の維持を優先し、単なる市場シェアでなく、重要な顧客を見極めてその顧客の生涯価値を評価することで、特定の顧客シェアを高めることが重要になってきているという。

本書の体系に沿った計画と運用を行うことで、戦略と戦術とが首尾一貫したマーケティング戦略の実行ができる。

特に注目して欲しいのは、各所にみられる図表類だ。抽象的になりがちで、アンチョコ本には大抵書いてある各種理論の詳細掘り下げが超具体的な事例とともに紹介されている。

この1000ページを超える大著は、流行本や自己啓発本のように、根拠なき内容を単に冗長な説明によって埋めているわけでない。曖昧で抽象的になりがちな理論の根拠と事例の詳細さこそ本質的価値と言える。「製品5つのレベル」「差別化の視点」「ブランドポジショニング」「チャネル政策」など、超具体的な詳細がまとめられた図表だけ追っていくのも効率的な学習法と言える。

重要なメッセージ

◆真のニーズとは何か

マーケティングは、人間の「ニーズ」と「ウォンツ」から出発する、というのは伝統的なマーケティングの大原則である。しかし、ここで重要なのはウォンツでなく、真の「ニーズ」を掘り下げ続けること。2センチの直径のドリルを買う人が本当に必要なのは直径2センチの穴（＝ニーズ）そのものであり、多種多様な高機能のドリル（＝ウォンツ）ではない。業務委託で穴をあけてくれる便利で安価なサービスがあればそちらを選ぶはずである。

◆「顧客」でなく「顧客の行動」を観察することで真のニーズをつかめ

ポーターと並びハーバード・ビジネススクールが擁する経営思想家の双璧と言われる『イノベーションのジレンマ』著者のクリステンセンも、この一見当たり前で古典的な「ニーズ」と「ウォンツ」の議論に大きな注意を促している。

クリステンセンによると、多くの企業は、既存のウォンツの延長線上でしか製品やサービスを考えない失敗に陥りがち、と警告をしている。

顧客の行動そのものでなくセグメンテーション基準に沿った便宜上測定しやすい既存の顧客グループに焦点を当てているからだ。

本来、焦点を当てるべきは真の「ニーズ」であり、それによって顧客が認識すらしていない可能性のあるウォンツを啓蒙し、商品化することこそが企業のマーケティングにおいてスタートとなるべく大前提である。そして、そのニーズは顧客でなく、顧客の「行動」を注意深く観察することによってのみ発見できるという。

◆プロセスで重要なのは個別の政策よりも、全体の整合性

マーケティング・マネジメントのプロセスは、大きく

①環境分析
②マーケケティング戦略の立案
③マーケティング戦術の立案
④実行&統制

という流れを「仕組み」として運用される必要がある。この流れは、

①マーケティング機会分析
②ターゲット市場調査と選定

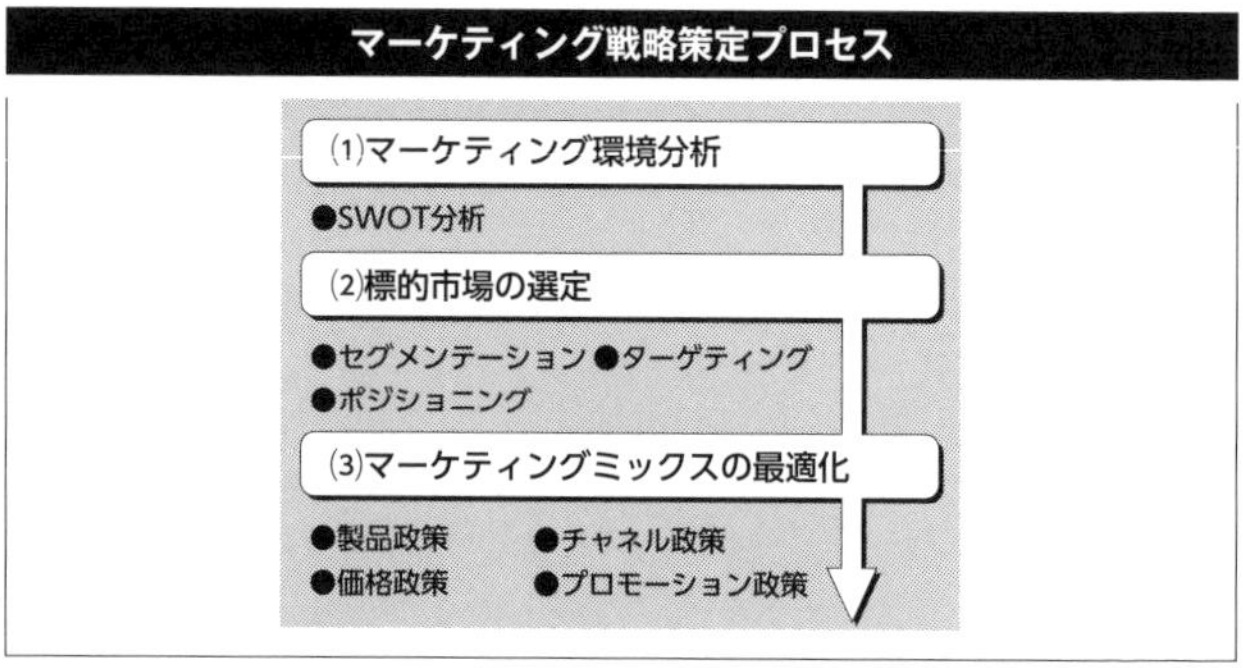

③マーケティング戦略の立案
④マーケティング・プログラムの立案
⑤マーケティング活動の組織化、実行、コントロール

という順序で分類し、ブレークダウンされる。

ここで重要なのが個別の施策、たとえばマーケティングの４Ｐのそれぞれを詳しく検討する前に、そのマーケティングミックスを考える拠り所となるマーケティング戦略（ＳＴＰ）であり、その根拠となるのが最初の環境分析である。

特に、事業会社の現場では長い期間に渡ってその業界にいる状況では、これまでの「あたりまえ」に敢えて疑問を投げかけ、否定することは難しい。

しかし、自社が変わらなくとも、競合は毎日変わり続けている。周りの経済環境も社会環境も変化し続けている。つまり、それらに影響を受ける顧客の状況も当然ながら、日々変わり続けている。

これに対応するためには、文字通りリアルタイムの環境分析が必要である。「３カ月前にはこうだった」という情報は誤った判断を導きかねないリスクをはらんでいる。

大手コンサルティングファームの高いフィーの価値の多くは、わかりやすいフレームワークとともに斬新な提案をしてくれる部分ではなく、むしろその前段の徹底したリサーチにある。

つまり、キャッチーな提案を出すべく大前提となる環境分析をゼロベースで徹底して行い、「当たり前」の前提を敢えて再検証し、エビデンスに基づいた認識に基づき、自社が採り得る戦略オプションが提示される部分にあると考えるべきである。

裏を返せば、これらを企業の予算統制プロセスに沿って、毎年行っている事業会社は非常に限られているということだ。昨年の延長線上で、日々のオペレーションレベルの調整のみで計画の立案・実行を済ませていては、戦略・戦術・施策間の整合性が取れず、最も非効率的なオペレーションになる。

たとえば、マーケティング戦略の核となるのはＳＴＰマーケティング（Ｓ：セグメンテーション、Ｔ：ターゲティング、Ｐ：ポジショニング）であるが、後に続くマーケティングミックスはこのＳＴＰによって導かれたマーケティング戦略によってまったく異なるものになる。

事例

◆ＳＴＰのＳは実際の購買行動に近いセグメンテーション変数が重視されている

セグメンテーション変数には、地理的変数、人口統計的変数、心理的変数、行動的変数がある。たとえば、月９ドラマなどを視聴し、それに当てて化粧品メーカーのＴＶコマーシャルなどが使われ、流行を生むトレンドリーダーとされた20～29歳の女性（Ｆ１層）や、購買力のあるＭ２、Ｍ３層など。これらは、人口統計的変数に基づいて性別と年齢群の組み合わせでセグメンテーションが切られている。

しかしながら、この傾向は変わりつつある。

もともと、視聴率調査で把握しやすい、といった便宜上の理由により、人口統計的変数を中心としたセグメンテーション基準が使われてきた。日本でも６兆円規模の広告業界の中、圧倒的にシェアの高いＴＶ広告の影響力が大きかったこともその一因と言える。

しかし、今、心理的変数や行動的変数といった、より購買行動に近い変数が重視されてきている。

その原因の顕著な例が、インターネットの出現と広告市場に占めるインターネット広告のシェアの急拡大である。

アフィリエイト広告による、成功報酬課金（Cost Per Acquisition）やクリック課金（Cost Per Click）といった測定可能な広告手段の普及と、過去の閲覧記録から類似・関連広告が表示されるリコメンド技術などのアドテクノロジーの進歩により、一気にセグメンテーションの活用変数が移りつつある。

広告市場全体を見ても、４大マス広告と言われたＴＶ、新聞、雑誌、ラジオの各広告市場のうち、インターネット広告はすでにラジオ広告、雑誌広告、そして新聞広告を抜いて第２位に踊り出ている。

◆ＳＴＰのＴは未だに多くの企業が絞り切れない

意味あるセグメンテーションで市場を細分化した後は、その細分化されたどのマスに焦点を当てて商品やサービスをアピールするかを決めなければいけない。これはどの本にも書いてあることではある。が、その絞り込みを意思決定し、実行できている企業は驚くほど少ない。

それはなぜか？ 理由は「絞り込み」が機会損失を生むことを恐れ、「対象以外の顧客も購入してくれる可能性があるかもしれない」という誘惑に負けるからである。したがって、ここでは絞り込み（ターゲティング）が甘いため、効率的なマーケティング活動ができずリソースを分散してしまうリスクへの考慮をスタートラインとして考えるべきである。

ではなぜ対象以外の顧客に購入してくれる可能性を排除すべきなのか？ 大きく2つある。

まず第一に、差別化の視点だ。広告などのプロモーションのメッセージは、ニーズの議論のように、顧客が解決したい課題（前述のクリステンセンは「片づけるべき用事（Job to be done）」と呼ぶ）を解決することを目的として発せられる。素早く荷物を送りたいとき、郵便局の速達やヤマトの超速宅急便、佐川急便の飛脚宅配便などがある。しかし、大手以外でも、バイク便や自転車便なども存在する。大抵、配達時間と値段はトレードオフなので、その中で顧客の状況に応じて判断されることになる。たとえ「1時間以内にバイク便で届けたい」という顧客がいても、バイク便だけでもかなりの数存在する。要は、その中で選ばれるためには、自社の重視する特徴を最も反映する対象顧客に絞ってプロモーションを行わなければ、顧客の選択肢に入るだけでも至難の業だ。

もう一つは、マーケティングプロセス全体に関わる顧客維持コストの観点である。徹底的にコストを抑え、付加サービスも減らすことで低価格で移動できるLCCなどで、仮に自社が想定しない顧客を獲得したとしても、サービスに関するクレーム対応などで低コストオペレーションが事実上崩れたり、仮にその顧客が離反したとしてもその顧客は悪評を周りにふりまかれることになりかねない。顧客ロイヤルティの権威であるベイン&カンパニーの名誉ディレクター、フレデリック・F・ライクヘルドは、お金をかければいくらでも上がる顧客満足度の乱用に警笛を鳴らす。代わりに、自社にとって重要な顧客のロイヤルティ（忠誠心）を向上させるために自社が奉仕したい顧客を徹底的に絞り込む重要性を説いている。また同時に株主や従業員のロイヤルティを向上することも併せて重要と言う。

上場企業になると「株主なんて選べない」という声が必ず聞かれるが、株主を選ぶことは可能だ。

たとえば、短期的な利益のために株を売買する株主にとって魅力的に映らない政策を採ることはできる。

自社にとって重要な株主だけに訴求するように、利益の大部分を投資に回す低配当政策など、成長する業界においてその流れにいち早く乗り、競合を出し抜くために、成長中心の中期経営計画の提示をすれば、多くの短期売買の投資家は株を売り、また新たに買うことはないはずだ。

「それでは株価が下がるからできない」という経営者がいるとすれば、変革のために意思決定ができない作業管理者と同じである。一時的な株価の下落を読み込んだ上で、企業の方針を超具体的に提示することで新たなファンを獲得するべきである。

◆STPの最後のPは徹底されていない

マーケティング戦略を形作るSTPは全体的に徹底されていない。特に重要なのが差別化に対する認識だ。

経営者や担当者に競合との違いなど製品の優位性を聞いても、多くの場合独りよがりな自己PRで終わってしまう。競合については、ひどく抽象的なものか、裏付けのない（または数年前の）比較であることがほとんどである。

しかし、コトラーも重視するように、STP最後のポジショニングは、自社製品を際立たせる最も重要なポイントである。そこで、1つないしは複数のどの特徴をアピール（Promote）するのかは、顧客が数ある競合品を含めた選択肢の中で自社製品を選んでもらうための唯一のよりどころとなるからだ。

そして、自社製品が選ばれるためには、「超」具体的な差別化のポイントを提示する必要がある。具体的には、「どの製品・サービス」の「どの特徴」が、「どの競合」の「どの機能」と比べ、「どの程度」、「優れているのか？」または「安いのか」といった点である。

これらを決める際に、コトラーは差別化を図る7つの切り口について、体系的にまとめている。

①製品の外観：物理的差別化
②特徴的なブランド名：ブランドによる差別化
③顧客と特定の供給者との関係：リレーションシップによる差別化
④製品による差別化（特徴、性能、適合、耐久性、信頼性、修理可能性、スタイル、デザイン）
⑤サービスによる差別化（配達、取り付け、顧客トレーニング、コンサル

差別化の方法

1.製品	機能特性（製品の基本機能に付け加えられる諸機能）、成果（製品の本体機能が働く程度）、品質や性能のばらつき具合、耐久性、信頼性、修理のしやすさ、スタイル（見た目のデザイン）、デザイン（製品の差別化要因全体との整合性がとれた設計全体）
2.サービス	デリバリー（速やか、かつ柔軟な配置・設置）、設置、顧客訓練、コンサルティングサービス
3.スタッフ	能力（知識とスキル）、丁寧さ、信頼性や安心感、コミュニケーション力
4.イメージ	シンボル、活字メディアやマルチメディア、建物や建物空間、イベント

ティング、修理）

⑥スタッフによる差別化（コンピタンス、親切丁寧、確実性、信頼性、迅速な対応、コミュニケーション・スキル）

⑦イメージによる差別化（シンボル、文章およびＡＶメディア、雰囲気、イベント）

また、関連するテーマとして、ニッチ戦略の専門化がある。今の時代、コストがかからず、一気に拡大する可能性のある一部のネット関連事業以外、フルライン・フルカバレッジで事業を展開できる企業は限られている。

また、そのような一部の大企業であっても、新たなイノベーションによって新サービスを展開する場合、まずは足がかりの小さな市場を特定し、そこで圧倒的シェアを拡大した上で上位市場へ進出することがほとんどである。その際に必要となる視点がいわゆるニッチ戦略の視点だ。

目次　体系マップ

❸戦術の策定と推進

戦術の決定

マーケティングミックス（4P）

4P

PART5 市場提供物の形成

①製品
- 第12章　製品戦略の立案
- 第13章　サービスの設計とマネジメント

②価格
- 第14章　価格設定戦略と価格プログラムの策定

PART6 価値の提供

③チャネル
- 第15章　バリュー・ネットワークおよびチャネルの設計と管理
- 第16章　小売業、卸売業、ロジスティクスのマネジメント

PART7 価値の伝達

④プロモーション
- 第17章　統合型マーケティング・コミュニケーションの設計とマネジメント
- 第18章　マス・コミュニケーションのマネジメント：広告、販売促進、イベント、パブリック・リレーションズ
- 第19章　人的コミュニケーションの管理：ダイレクト・マーケティングと人的販売

持続可能な競争優位に向けた自立成長のポイント

PART8 長期的成長の実現

- 第20章　新製品の開発
- 第21章　グローバル市場への進出
- 第22章　ホリスティック・マーケティング組織のマネジメント

『コトラー&ケラーのマーケティング・マネジメント（第12版）』

❶前提の把握

概論

PART1 マーケティング･マネジメントの理解

- 第１章　21世紀のマーケティングの定義
- 第２章　マーケティング戦略とマーケティング計画の立案

❷戦略の策定

環境分析

PART2 マーケティングのための情報収集

- 第３章　情報収集と環境調査
- 第４章　マーケティング・リサーチの実行と需要予測

マーケティング戦略（STP）

標的市場の選定

セグメンテーション、ターゲティング

PART3 顧客との関係構築

- 第５章　顧客価値、顧客満足、顧客ロイヤルティの創造
- 第６章　消費者市場の分析
- 第７章　ビジネス市場の分析
- 第８章　市場セグメントとターゲットの明確化

差別化の設計

ポジショニング

PART4 強いブランドの確立

- 第９章　ブランド・エクイティの創出
- 第10章　ブランド・ポジショニングの設定
- 第11章　競争への対処

マーケティング領域の「顧客ロイヤルティ」に関する研究

『顧客ロイヤルティのマネジメント』

THE LOYALTY EFFECT

フレデリック・F・ライクヘルド（著）

伊藤 良二（監訳）　山下 浩昭（訳）
ダイヤモンド社刊
本体価格　3,200円

Keyword
【キーワード】

① マーケティング
② 顧客維持
③ 顧客ロイヤルティ
④ CRM（カスタマーリレーション・マーケティング）

機能別分類

ゼネラルマネジメント	
論理的思考	○
技術経営・アントレプレナーシップ	
ヒト（HR／組織行動）	○
モノ（マーケティング）	◎
カネ（会計・財務）	○
戦略	○

キャリア職位別分類

初級者	中級者（マネージャー）	上級者（シニアマネージャー）
△	△	◎

読み継がれている理由

顧客満足（CS　Customer Satisfaction）という言葉が聞かれて久しい。しかし、果たして従来の顧客満足が、自社の利益向上にどれほど貢献しているのか。

このような疑問は、いつの時代のどの経営者でも抱いていると言えるが、本書はこの疑問に対する答えを提供するために、「顧客ロイヤルティ」という概念を掲げ、顧客ロイヤルティのマネジメントを通して達成される「顧客維持」が企業の収益に直結することを唱える形で出版された。

巷では、航空会社のマイレージから、レストランやスーパーマーケットのポイントプログラム、そして富裕層を狙った銀行のプライベートバンキング部門の拡張など、特定顧客層の顧客維持に力を入れる例が多く聞かれるが、この顧客の絞りこみと絞り込んだ層に集中した維持政策が長期的に企業の利益につながることがクローズアップされはじめたきっかけとなった原典と言える。

原著『THE LOYALTY EFFECT』（初版 1996 年）

要旨

「ロイヤルティこそ企業価値を向上させる重要な指針である」という前提のもと、最終的な顧客維持のために、優良な顧客のみならず、社員および株主といった利害関係者を含めて慎重に選択し、また同時に維持することで、継続的な収益拡大の経営モデルを実現すべきである、ということを唱えた本。

決して、すべての顧客の希望を満たしたり、あらゆる社員や株主の満足度を上げるといった顧客満足度、従業員満足度至上主義ではなく、ロイヤルティを語る前にまず自社内における戦略（基準）を決めなければならない、という。つまり、誰にとってのロイヤルティを上げるかには唯一の正解がないため、マーケティングにおける市場の細分化および標的市場の絞込みと同様、どのような顧客、従業員、そして株主が自社にとって理想的であり、継続的な関係を構築していくべきか、まず最初に方針を決め、実際に選別する必要がある。

著者は、ロイヤルティには、「顧客ロイヤルティ」「社員ロイヤルティ」「株主ロイヤルティ」という3つの次元があり、顧客・社員・株主との長期

著者プロフィール≫

フレデリック・F・ライクヘルド（Frederick F.Reichheld）ベイン&カンパニー名誉ディレクター。ハーバード大学卒業後、ハーバードビジネススクールにてMBA取得。ロイヤルティ研究における権威として、数多くの欧米主要企業のコンサルティングに従事。ハーバードビジネスレビュー、ウォールストリートジャーナルでも多数論文を発表。

的な良好な関係をつくり、これらロイヤルティを高めることがビジネスの成功につながると論じている。そして、そのためには以下の８つの要素が重要であると述べている。

①顧客に優れた訴求価値を提供する
②適切な顧客を選択する
③顧客ロイヤルティを獲得する
④適切な社員を選択する
⑤社員のロイヤルティを獲得する
⑥顧客と社員の高いロイヤリティから生み出される高い生産性によりコスト競争力を確保する
⑦適切な株主を選択する
⑧株主のロイヤルティを獲得する

著者がマッキンゼー&カンパニーと並び評される世界屈指の戦略系コンサルティングファーム「ベイン&カンパニー」の名誉ディレクターであることからもわかるように、実際の数字を含む豊富な事例が散りばめられており、単なる理論書でなく非常に読みやすい。

重要なメッセージ

◆通常企業は年間10～30％の既存客を失い、社員の離職率が15～25％にのぼり、株主の平均離反は年50％を超えている。

◆顧客維持率の5％増加は顧客の正味現在価値（NPV）を35％（ソフトウェア業界）～95％（広告代理店）向上させる。

◆どの顧客、社員、そして株主のロイヤルティを向上させるかをまず決めるべきである。

◆その選別した3つの利害関係者グループに対し、どの種類・どの程度競合と異なる価値を提供すべきかを決める。

◆基準はコスト対効果、つまり必ずしも顧客の数ではなく、長期的に購買が続く優良顧客層の選別と集中による効果を重視する。

◆短期的な利益でなく、顧客の生涯価値を高められるような価格政策、品揃え、社員インセンティブ、サービスレベルを決める。

◆顧客セグメント（細分化）の程度により、平均顧客維持率が72～90％上下する。（2％の値引きのために競合へスイッチする顧客がいる一方、20％の

値引きでも動かない顧客も存在）

◆ある証券会社のブローカーの定着率を80％から90％へ10ポイント上げるだけで平均55％の利益向上を達成する。

◆ファーストフード店のあるチェーンで、離職率の低い店（平均１００％）は、離職率の高い店（平均１５０％）に比べて、利益率が50％高かった。

◆失敗（顧客離反）の根源的理由は「なぜ」を５回繰り返すことで聞き出す。

◆顧客満足と顧客ロイヤルティには大きな隔たりが存在している。

◆ロイヤルティ評価管理には、２種類の報告書を作成する。それは「人的資本バランスシート」と「価値フロー計算書」である。

◆財務会計の損益計算書が「企業→株主」の価値フローしか示していないのに対し、価値フロー計算書は「企業→顧客」、「企業→社員」、「顧客→企業」、「社員→企業」、「株主→企業」という５つの価値フローを体系的に観察することができる。

◆離反した顧客の60～80％が離反する以前のアンケート調査で満足または非常に満足している、と回答。

◆顧客ロイヤルティに必要な視点は、コストと利益のバランスである。

ロイヤルティマネジメントのプロセス

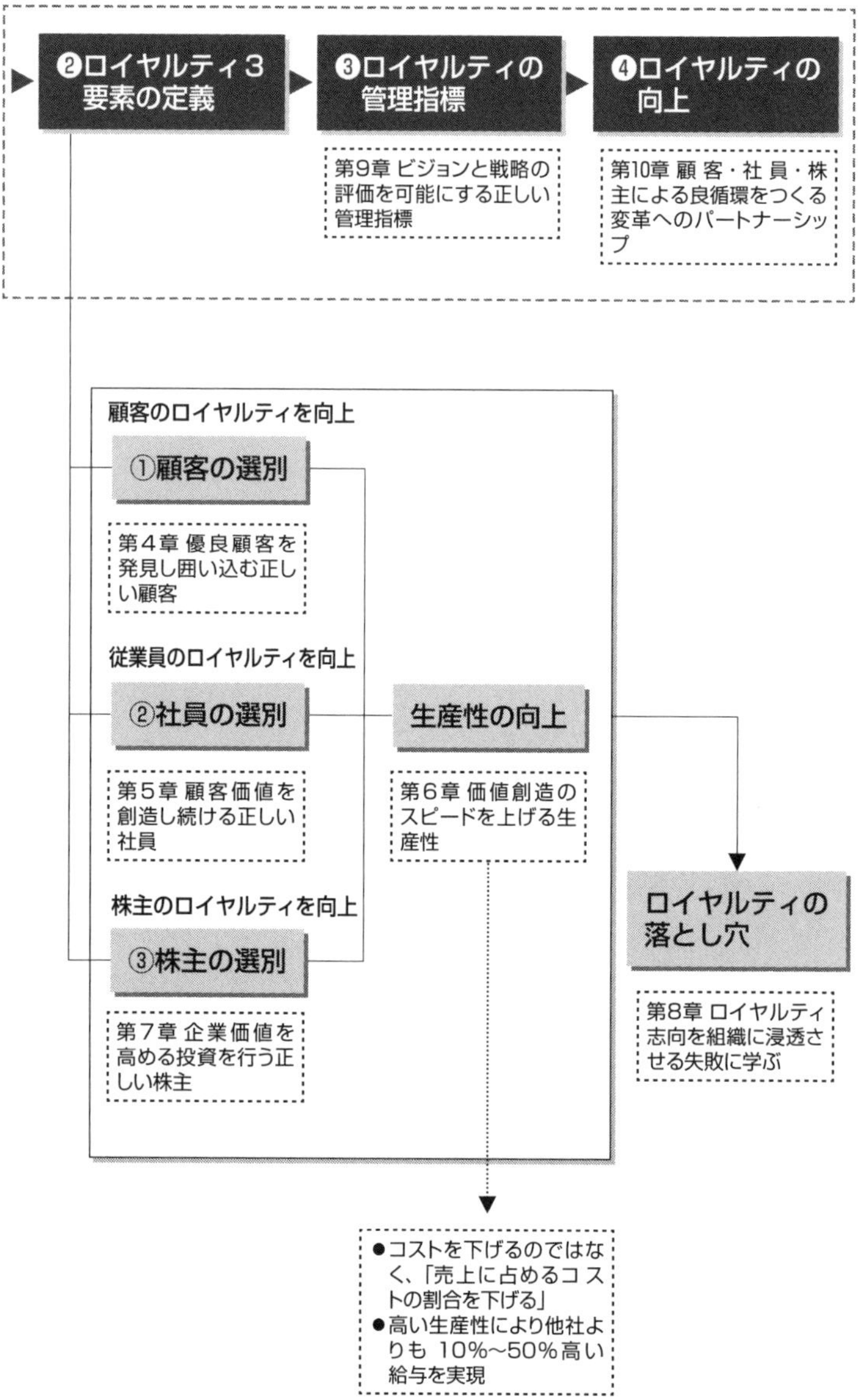

❷ロイヤルティ3要素の定義
❸ロイヤルティの管理指標
第9章 ビジョンと戦略の評価を可能にする正しい管理指標
❹ロイヤルティの向上
第10章 顧客・社員・株主による良循環をつくる変革へのパートナーシップ
顧客のロイヤルティを向上
①顧客の選別
第4章 優良顧客を発見し囲い込む正しい顧客
従業員のロイヤルティを向上
②社員の選別
第5章 顧客価値を創造し続ける正しい社員
株主のロイヤルティを向上
③株主の選別
第7章 企業価値を高める投資を行う正しい株主
生産性の向上
第6章 価値創造のスピードを上げる生産性
ロイヤルティの落とし穴
第8章 ロイヤルティ志向を組織に浸透させる失敗に学ぶ
●コストを下げるのではなく、「売上に占めるコストの割合を下げる」
●高い生産性により他社よりも 10%～50%高い給与を実現

『顧客ロイヤルティのマネジメント』目次　体系マップ

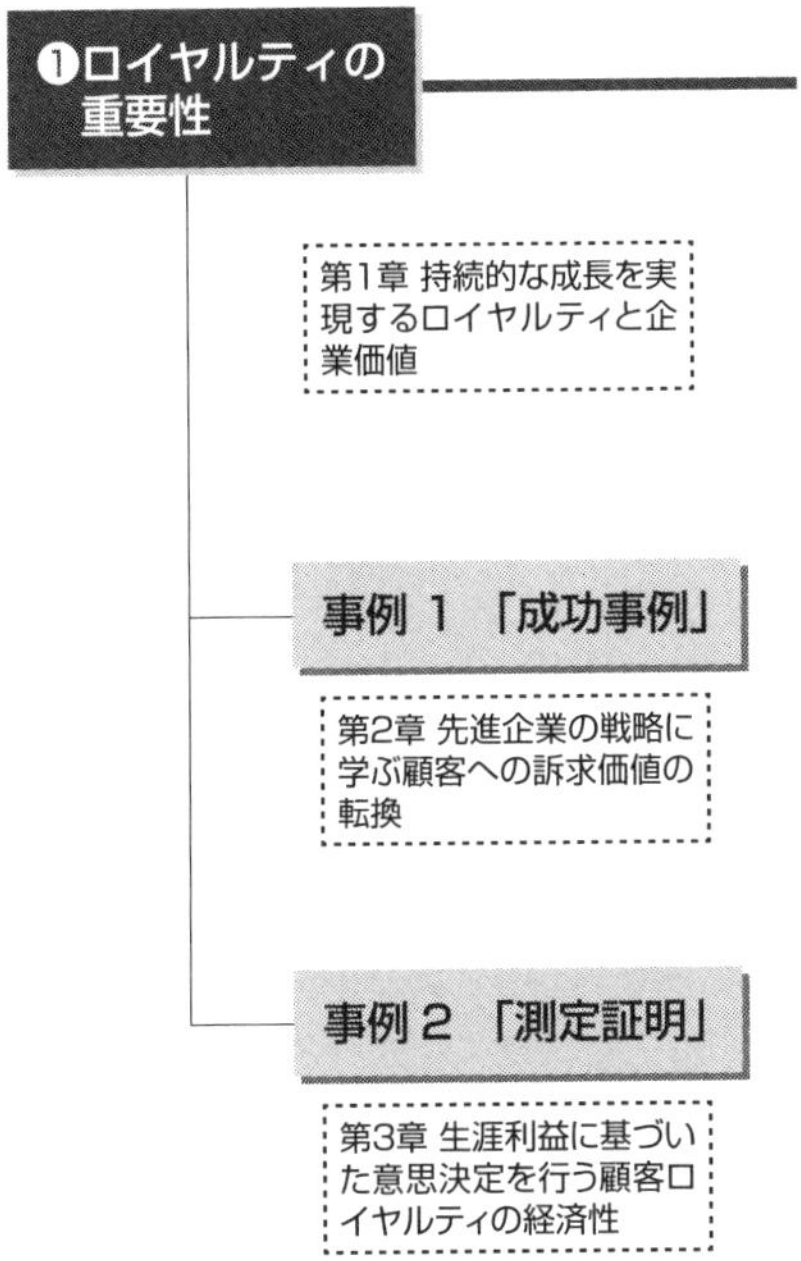

「サービス」に特化したマーケティングの体系書

『サービス・マーケティング原理』

Principles of Service Marketing and Management

クリストファー・ラブロック
＋ローレン・ライト(著)

小宮路 雅博(監訳)　高畑 泰＋藤井 大拙(訳)
白桃書房刊
本体価格　3,900円

Keyword【キーワード】

① マーケティング
② サービスマーケティング

機能別分類

ゼネラルマネジメント	
論理的思考	
技術経営・アントレプレナーシップ	
ヒト(HR／組織行動)	○
モノ(マーケティング)	◎
カネ(会計・財務)	
戦略	

キャリア職位別分類

初級者	中級者(マネージャー)	上級者(シニアマネージャー)
△	△	◎

読み継がれている理由

サービス業が産業構造の中で重要な地位を占めるにつれ、注目を集めてきたサービス・マーケティングであるが、意外なことに、世界中のビジネススクールの主要カリキュラムに取り入れられたのは１９９０年代に入ってからと言われている。

本書は、このサービス・マーケティングの権威であり、この領域で確固たる地位を築いたラブロックによってまとめられ、サービス研究の統合的アプローチを示した体系的な大著。サービスの持つ特性ゆえに、マーケティング分野のみならず、オペレーションや人的資源管理とあわせた3分野で統合的なサービスマネジメントとして構築をした書籍として評価されている。

要旨

いわば、コンパクトなサービスマネジメント版『コトラーのマーケティン

原著『Principles of Service Marketing and Management』（初版 1999 年）

グ・マネジメント』と言え、体系的にサービス品質評価の世界標準と言えるSERVQUAL品質評価基準概要など、サービスマーケティングの理論的枠組みを網羅的に述べている。

すべてのサービスは同一ではないものの、重要な特性において共通している。しかし、サービスの本質を理解し、自社が提供すべきサービスの内容とレベルを考える上で、サービスをいくつかのカテゴリーに分類し、それぞれの分類に適した対応を考えることが重要であるという。

また、実践の場にいるマネジャーは、いかなる種類の仕事に携わっていても、

①マーケティング
②オペレーション
③人的資源管理

といった3つの職能が互いに結びついていることを認識し、理解しなければ現場で実践することができない、という。

本書では、それぞれの各論を詳述し、サービス・マーケティングの戦略の構築（サービス・マーケティングミックスの構築）について述べた後、最後

著者プロフィール≫

クリストファー・ラブロック（Christopher Lovelock）サービス・マーケティング分野の権威。ハーバード・ビジネススクールをはじめとするビジネススクールで教鞭をとり、100を超えるケースを作成してきた。1940年生まれ。ハーバード・ビジネススクールにてMBA取得、スタンフォード大学にてPh. D. 取得。2008年死去。

に現場におけるマネジメントを統合する。すなわち、需要と供給の予測と適合に関するマネジメント、サービスのマネジメントで特に重要となる待ち時間の管理に必要な行列と予約のマネジメント、そして顧客接点現場で活躍するサービス従業員の採用から離職を防ぐための人材の維持についての具体的な現場人的資源管理のマネジメントといった現場マネジメントの統合が図られている。

重要なメッセージ

◆サービスは、そのプロセスの違いにより、次の4つに分類される。
①人の身体との物理的なコンタクトがあるもの（美容院、旅客輸送など）
②物理的対象物に関わるもの（クリーニング、貨物輸送など）
③人の心・精神・頭脳に分けられるもの（教育、エンターテイメントなど）
④情報に関わるもの（会計、保険など）

◆顧客は購買プロセスで次の3つのステージを辿る。
①購買前……ニーズ認識、情報探索、代替案の評価

②サービスエンカウンター……サービスのリクエスト、デリバリー
③購買後……パフォーマンスの評価、今後の意向
このとき、コアプロダクトと補足的サービスは価値と品質をもたらすように設計すべき。

◆生産性と品質は同じコインの両面である（コスト対効果）。

◆顧客満足は、「知覚されたサービス÷期待されたサービス」という式で定義される。

◆高いサービス品質を実現している組織は顧客と従業員双方の声を聞いている。

◆顧客ロイヤルティ向上には、顧客選びと価値の内容を検討する必要がある。

◆苦情処理はロイヤルティ維持に重要な要素である。

◆店舗やサービスにおける苦情を企業の本社・本部が把握している割合は5%に過ぎない。

◆苦情が満足する形で解決された場合の再購入意向は69～80%（満足しなかった場合の再購入意向は17～32%）である。

◆顧客エデュケーションとして、

①見込み顧客への情報提供と教育
②対象顧客の説得
③顧客の想起と動機付け
④既存顧客との関係維持と情報提供
を行なう必要がある。

◆行列は、来た順の原理が原則ではあるが、顧客のタイプごとに順番が変わるシステムもあり、その原理は、
①緊急性
②所要時間
③支払い価格
④顧客の重要度
などで決めることができる。

◆①提案による参加、②職務設計への参加、③マネジメントへの参加などにより、段階的に権限委譲をすすめ、従業員参加のレベルを分けることで従業員ロイヤルティを向上させることができる。

◆従業員のリテンションと顧客のリテンションは比例する。

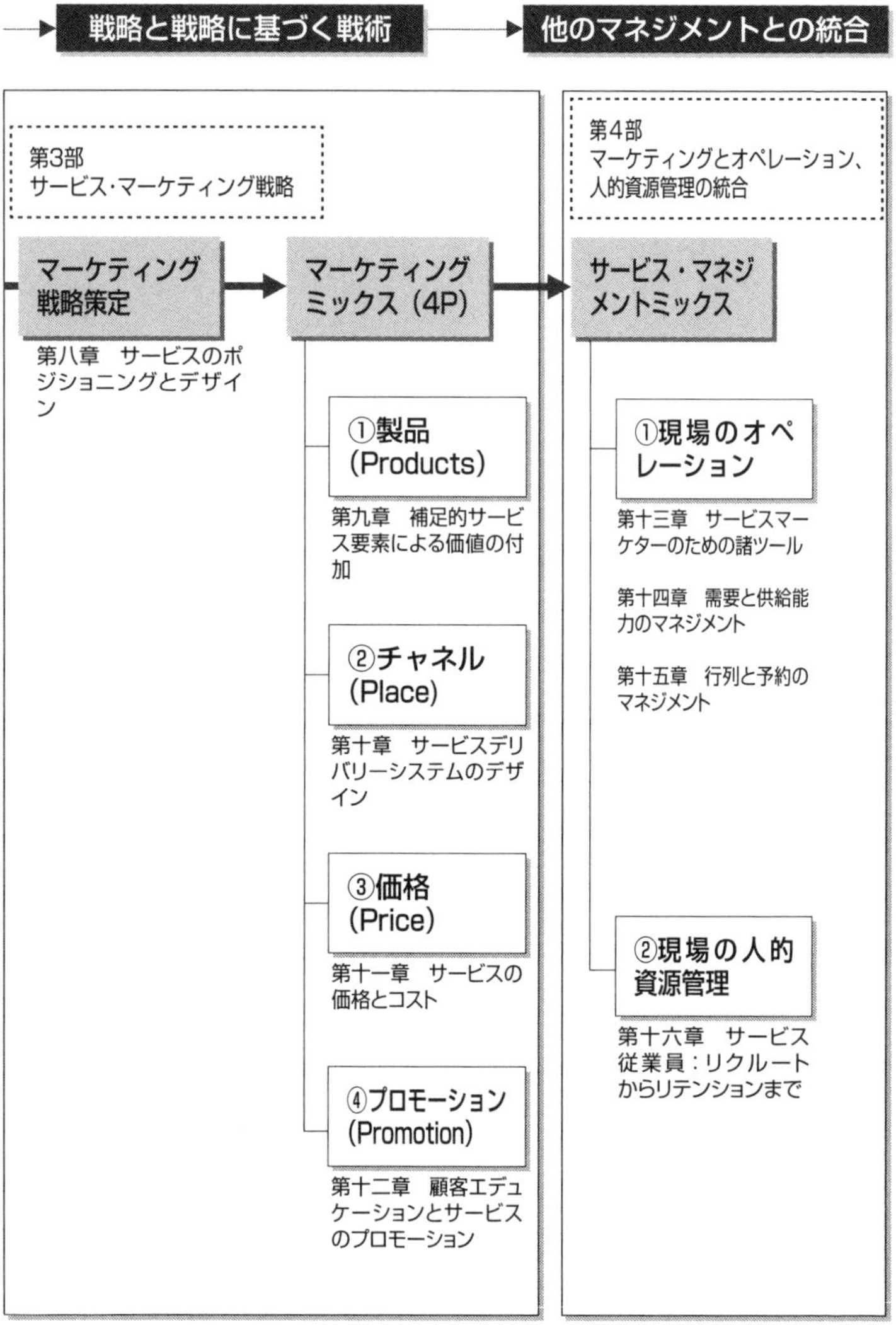
戦略と戦略に基づく戦術
他のマネジメントとの統合
第3部
サービス・マーケティング戦略
マーケティング戦略策定
第八章　サービスのポジショニングとデザイン
マーケティングミックス（4P）
①製品（Products）
第九章　補足的サービス要素による価値の付加
②チャネル（Place）
第十章　サービスデリバリーシステムのデザイン
③価格（Price）
第十一章　サービスの価格とコスト
④プロモーション（Promotion）
第十二章　顧客エデュケーションとサービスのプロモーション
第4部
マーケティングとオペレーション、人的資源管理の統合
サービス・マネジメントミックス
①現場のオペレーション
第十三章　サービスマーケターのための諸ツール
第十四章　需要と供給能力のマネジメント
第十五章　行列と予約のマネジメント
②現場の人的資源管理
第十六章　サービス従業員：リクルートからリテンションまで

『サービスマーケティング原理』目次　体系マップ

サービスの重要性

第1部
サービスの理解

サービスの環境分析

第一章　なぜサービスを学ぶか

第二章　サービス・プロセスの理解

第三章　顧客コンタクト

第四章　顧客から見たサービス

第2部
サービスによる価値の創造

サービス向上と効果

第五章　生産性とクオリティ：同じコインの両面

第六章　リレーションシップマネジメント

第七章　苦情への対処とサービスリカバリー

マーケティング領域の「ブランド」に関する研究

『ブランド・エクイティ戦略』

Managing Brand Equity

―― 競争優位をつくりだす名前、シンボル、スローガン ――

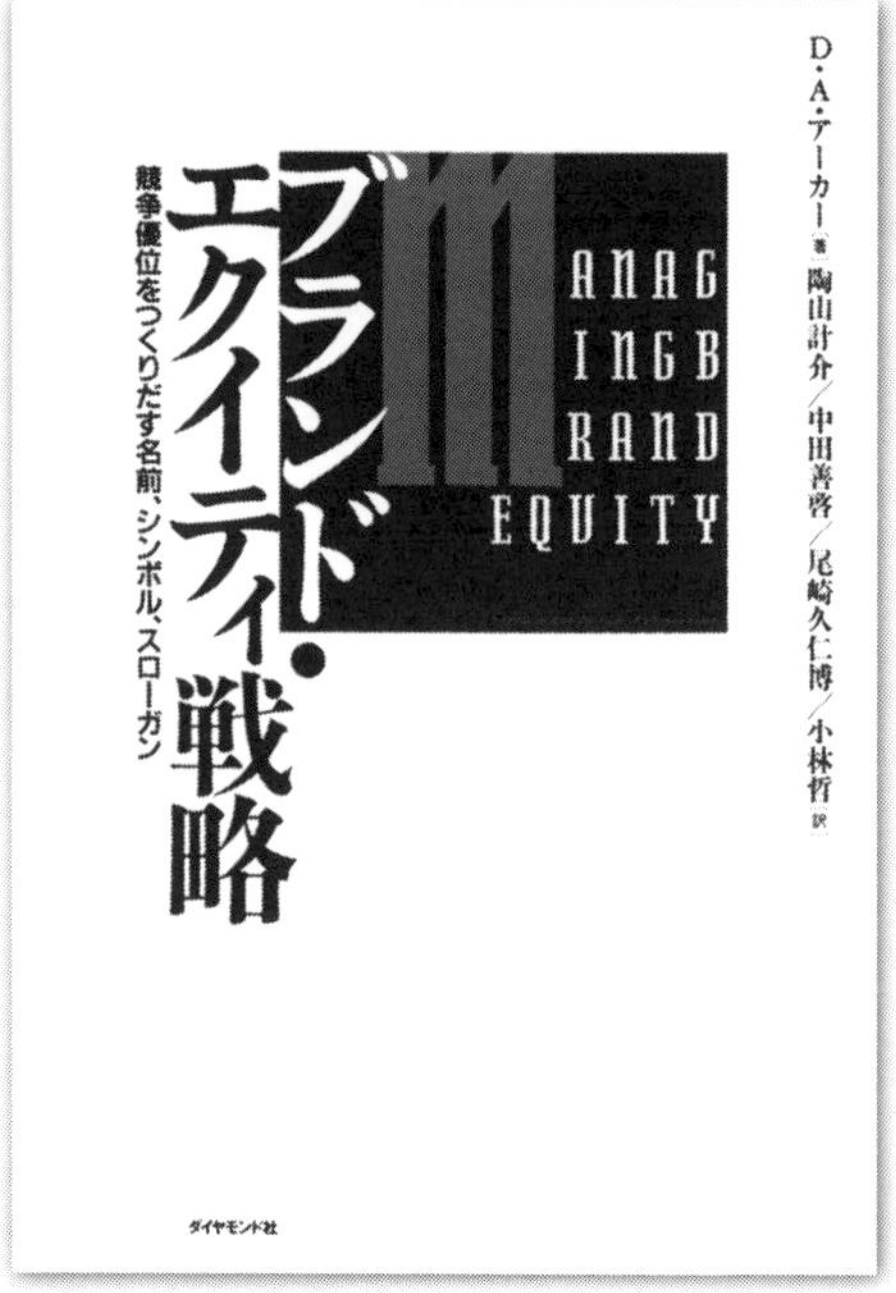

D・A・アーカー（著）

陶山 計介＋中田 善啓＋尾崎 久仁博＋小林 哲（訳）
ダイヤモンド社刊
本体価格　3,800円

Keyword【キーワード】

① マーケティング
② ブランド
③ ロイヤルティ
④ 顧客維持

機能別分類

ゼネラルマネジメント	
論理的思考	
技術経営・アントレプレナーシップ	○
ヒト（HR／組織行動）	
モノ（マーケティング）	◎
カネ（会計・財務）	○
戦略	○

キャリア職位別分類

初級者	中級者（マネージャー）	上級者（シニアマネージャー）
△	△	◎

読み継がれている理由

競争が激しく、製品の差別化が困難を極める中、企業やサービスのブランドが顧客に与える影響はますます拡大してきている。しかしながら、一方で新たなブランドの確立も難しく、お金もかかるということもまた事実である。単なる価格の調整によるプロモーションもまた商品のコモディティ化（日用品化）を促し、獲得できる利益を圧縮してしまう。

このような状況下においてこそ、持続的な競争優位を実現するブランドをどのように確立し、また価値を高められるかが重要になってくる。このブランドマネジメントの第一人者であるＤ・Ａ・アーカーによって１９９１年に生まれたバイブルが本書である。

要旨

われわれが日々意識せず活用する「ブランド」という言葉は、単にあるものを他のものと区別するためのものではなく、製品やサービスをより早く、

原著『Managing Brand Equity』（初版 1991 年）

そして確実に認知させるためのシンボルとなってきている。

その重要性は企業の合併・買収時に高額で評価される優れた資産として見なされ、売買の対象としても捉えられることを考えても、経営戦略における中心的な企業の資産になっていると言える。

アーカーは企業にとって重要なこれらの資産を「ブランド・エクイティ」という概念で説明する。これは、ブランド名やシンボルによるプラスまたはマイナスの資産価値を定義したものである。

本書は、ブランド・エクイティを定義し、それがどのように価値を形成するかを示し、どのようなマーケティング上の意思決定によって、価値が生まれ、また失われたかということを示す調査結果や事例を提供する。また、ブランド・エクイティを管理・利用する方法、管理者が戦略的に考えなければならない問題点を提示している。

通常、価値の認識は個人によって異なると言われる。自社のブランド価値を有効に活かすためには、自社の理念やビジョン、戦略といったアイデンティティを明確に絞込み、一貫性のあるブランド戦略体系を構築する必要がある、という。

著者プロフィール≫

デービッド・A・アーカー（David A. Aaker）
1938年、アメリカ・ノースダコタ州生まれ。スタンフォード大学Ph. D。カリフォルニア大学バークレー校ハース経営大学院教授をつとめ、同大学名誉教授の称号を授与される。現在、プロフェット社副会長。著書に、『戦略市場経営』『ブランド・エクイティ戦略』『ブランド優位の戦略』『ブランド・リーダーシップ』など。

重要なメッセージ

◆ブランド・エクイティとは、ブランド、その名前やシンボルと結びついたブランドの資産や負債の集合のことである。
◆ブランド・エクイティは、
①ブランド・ロイヤルティ（ブランドへの忠誠）
②ブランド認知（ブランドがよく知られること）
③知覚品質（品質に関して感じること）
④ブランド連想（ブランドに結び付けられた〝特定の連想〟）
⑤他の所有権のあるブランド資産（特許・商標など）
の５つのカテゴリーで構成される。
◆ブランド・ロイヤルティとは、顧客がブランドに対して持つ執着心の測度であり、顧客が他のブランドにどの程度スイッチするかを表す。
◆ブランド・ロイヤルティを維持するには、
①顧客を正当に扱う
②顧客の近くに位置する

③顧客の満足を測定し、管理する
④スイッチングコストを作り出す
⑤メリット（景品）を与える
という5つが必要となる。
◆ブランド連想とは、ブランドに関する記憶と関連しているすべてのもので、
①製品特性（製品の性能など）
②無形資産（技術・健康など無形の特性の評判）
③顧客便益（ブランドを顧客の便益と関連づける）
④相対価格（価格の違いをブランドと関連づける）
⑤使用・応用（ブランドを使用状況・使用方法と関連づける）
⑥使用者／顧客（ブランドを製品使用者・顧客と関連づける）
⑦名声／人物（有名人とブランドを結びつける）
⑧ライフスタイル／個性（ブランドの個性・ライフスタイル特性）
⑨製品クラス（製品のポジション）
⑩競争業者（評価基準となる競争業者）
⑪国／地理的区域（例　イタリアの革製品など）

というタイプがある。

◆ブランド連想を維持するためには、次の3つが実現できている必要がある。

①時間に関係なく首尾一貫性がある

②マーケティング・プログラムに関係なく首尾一貫性がある

③損害が最小になるように災難を管理する

◆拡張されたブランドと元のブランドとの適合は、使用状況の共通性、機能的便益、名声との関連、使用者のタイプ、シンボルなどに依存している。

◆ブランドの再活性化の方法には、

①使用量の増大

②新規用途の発見

③新市場への参入

④ブランドの再ポジショニング

⑤製品／サービスの拡大

⑥既存製品の陳腐化

⑦ブランド拡張

がある。

実　践

(2) ブランド価値戦略の策定と戦術実行

ブランドの中心的な３つの識別要素

第8章 名前、シンボル、スローガン

ブランド拡張によるメリットとリスク

第9章 ブランド拡張

ブランドの活性化と衰退方法

第10章 ブランドの再活性化

本書のまとめとしての全般的なモデルの提示

第11章 ブランドのグローバル戦略と要約

『ブランド・エクイティ戦略』目次　体系マップ

基　礎

（1）ブランド・エクイティの定義・測定・管理

ブランド・エクイティ５つのカテゴリー

第1章 ブランド･エクイティとは何か

- **①ブランド・ロイヤルティ**
  第2章 ブランド･ロイヤルティ
- **②名前の認知**
  第3章 ブランド認知
- **③知覚品質**
  第4章 知覚品質
- **④(知覚品質に加えて）ブランドの連想**
  第5章 ブランド連想―ポジショニングの決定
  第6章 ブランド連想の測定
  第7章 連想の選択、創造、維持
- **⑤他の所有権のあるブランド資産**
  パテント(特許)、トレードマーク、チャネル関係など

価格戦略を論じた体系的な戦略書

『価格戦略論』

Power Pricing：How Managing Price Transforms the Bottom Line

ヘルマン・サイモン＋ロバート・J・ドーラン（著）

吉川 尚宏（監略）
エコノミクス・コンサルティング研究会（訳）
ダイヤモンド社刊
本体価格　3,800円

Keyword【キーワード】

① 顧客価値ベース
② 価格戦略
③ パワープライサー

機能別分類

ゼネラルマネジメント	
論理的思考	
技術経営・アントレプレナーシップ	
ヒト（HR／組織行動）	
モノ（マーケティング）	◎
カネ（会計・財務）	○
戦略	

キャリア職位別分類

初級者	中級者（マネージャー）	上級者（シニアマネージャー）
		◎

読み継がれている理由

ミクロ経済学やマーケティングを前提として体系化された理論の下、実務面な視点を重視して価格設定を幅広くとらえるハーバードをはじめとするトップスクール指定書。日本語翻訳版出版時には新たな項目として「プライシングとeビジネス」「21世紀の日本企業に求められるプライシング」が書き下ろされるなど、原著にも勝る付加価値のある一冊。ピーター・F・ドラッカーは著者の盟友でもあり、日本での出版の意義に賛同するなど、世界の権威もお墨付きのバイブルである。

要旨

本書が説く「パワー・プライサー」とは、従来型の「コスト積み上げ（コストプラス型価格設定）」からの脱却をし、「顧客価値を起点して行われるプライシング」を実践できる組織および個人を言う。

つまり、小手先の競合価格追従型のプライシングでも、プロダクトアウト

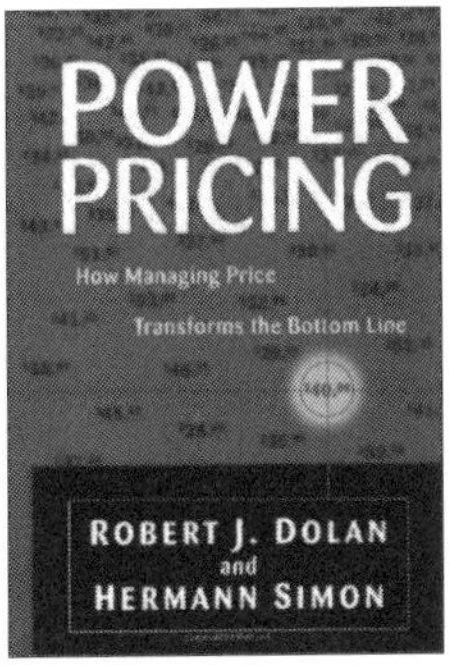

原　著『Power Pricing：How Managing Price Transforms the Bottom Line』（初版 1996 年）

的な発想によるコスト積み上げ型のプライシングでもなく、「本質的な製品の価値で勝負しよう」という本来の姿を説いている。

実際、多くの企業では製品政策やプロモーション政策、チャネル政策といった「品質」と「販売チャネル」の準備には余念がないが、4Pの最後のPである価格政策に関しては、他の3つのPに比べ、驚くほど「考える努力をせずに」短期的な販売施策のためのその場その場での値引きや価格設定になっている。

「顧客が認知する価値」をベースにする、ということは、すなわち、

①競争環境の分析（持続的な競争優位の源泉と差別化の把握）

および

②顧客分析（セグメンテーションごとのニーズと対象製品、価格弾力性と支払い能力などの把握）

を大前提として把握しておく必要があるということだ。

そのうえで、競合と顧客セグメントをあわせて、

③製品のポジショニングを設定し

④マーケティングミックスの一つとして価格政策を捉える。

著者プロフィール≫

ヘルマン・サイモン（Hermann Simon）サイモン・クチャー＆パートナース会長。プライシングのリーディング・カンパニーとしてヨーロッパを中心に活動。1996 年にボストン、2001 年に東京オフィスを開設。現在、同社会長

つまり、戦略に紐づき、整合性がとれた価格政策の策定が必要になることだ。

ますます製品のコモディティ化が進み、グローバル化により市場競争が激しく差別化が困難な時代を迎える中、特に論理的かつ体系的な価格政策を行っている企業が少ないと言われてきた日本企業こそ、本書の内容を体系的に把握し、マーケティング戦略に組み込んでもらいたい価格政策のバイブルである。

重要なメッセージ

◆売れないとき、簡単に価格を下げるな！

「20％の価格引き下げが貢献利益を50％減らすこともある」し、「値下げ前と同じ利益を得るためには2倍売らないといけない」こともある。そして大抵は失敗する。これらはコスト構造を無視した表面的かつ反射的な価格政策だからである。

◆価値がコストを決定するのであって、その逆ではない！

著者プロフィール≫

ロバート・J・ドーラン（Robert J. Dolan）ハーバード・ビジネススクール教授（エドワード・W・カーター寄付講座）

コストプラス式のプライシングではなく、顧客の製品に対する認識された「価値」（顧客視点における本質的な価値）をベースに組み立てるべきである（その価値とコストが合わないのであれば、その製品は出すべきでない）。

◆利益を最大化する最適価格の設定時は、①価格反応　②コスト構造を見よ！

❶価格反応

洗剤などの日用品と、ブランドバッグなどのラグジェリー商品では、価格弾力性が異なる（10％の値引きや値下げで購買量が大幅に増える価格弾力性の高い日用品と、相対的に購買量が変わらない価格弾力性の低いラグジェリー品）。

❷コスト

価格に対する変動費率が高いほど価格変更の利益インパクトが大きい

◆価格のターゲットは投入後の時期によって変わる！

中長期的な価格の底値は「1個あたりの総コスト」で決まり、短期的な価格の底値は「1個当たりの変動費」「限界コスト（機会費用）」で決まる。

◆製品ライン全体の利益の最大化のため、いくつかの製品利益を犠牲に！

製品Aの売上拡大が製品Bの売上拡大につながる「補完財」の関係と、ニーズの違いなどで製品Aと製品Bの売上はトレードオフの「代替材」の関係があり、それらが混在する多くの製品ライン上のすべての製品で大きな利益を獲得することはできない。

◆顧客の支払い最大許容額が大きい場合ではバンドリング（セット販売）は裏目に！

顧客側の予算に幅がある場合において、個別プライシングで得られない潜在的な販売機会を別商品で同時に獲得し、20～30％の利益改善が可能だが、予算の最大許容額が小さい中でバンドリングを提示すると獲得利益を減らすことになる。

価格戦略の実践

理論の実践

第3部　実践編

第12章　パワー・プライシングのための組織づくり
第13章　パワー・プライサーになるためには：あなたのプライシングIQをチェックする

実践の発展

第4部　展開編

第14章　プライシングとｅビジネス
第15章　21世紀の日本企業に求められるプライシング
※日本語版オリジナル

『価格戦略論』目次　体系マップ

価格戦略の理論

理論の基礎

第１部　基礎編

第1章　プライシングの導入
第2章　価格、コスト、利益：プライシングの経済学
第3章　価格反応の推定
第4章　プライシングと競争戦略

理論の応用

第２部　応用編

第5章　プライス・カスタマイゼーション
第6章　インターナショナル・プライシング
第7章　非線形プライシング
第8章　製品ラインのプライシング
第9章　プライス・バンドリング
第10章　時間軸を考慮したプライシング：短期的な場合
第11章　時間軸を考慮したプライシング：長期的な場合

世界の一流企業が使った広告費を徹底検証

『刺さる広告』

コミュニケーション最適化のマーケティング戦略

What Sticks：Why Most Advertising Fails And How to Guarantee Yours Succeeds

レックス・ブリッグス＋グレッグ・スチュアート（著）

井上 哲浩＋加茂 純（監訳）
高橋 至（訳）
ダイヤモンド社刊
本体価格　2,400円

Keyword【キーワード】

① マーケティング
② プロモーション
③ コミュニケーション戦略

機能別分類

ゼネラルマネジメント	
論理的思考	
技術経営・アントレプレナーシップ	
ヒト（HR／組織行動）	
モノ（マーケティング）	◎
カネ（会計・財務）	
戦略	

キャリア職位別分類

初級者	中級者（マネージャー）	上級者（シニアマネージャー）
	◎	

読み継がれている理由

アストラゼネカ、コルゲート、フォード、INGファイナンシャルサービス、ジョンソン・エンド・ジョンソン、キンバリー・クラーク、クラフト、マクドナルド、フィリップス、ネスレ、P&G、ユニリーバ、ユニバーサル・スタジオ・ホームビデオ、ベリサイン、フォルクスワーゲンといった一流企業と共同で行った調査に基づいて、これらの企業が実際に使った10億ドル以上の広告費を対象に、独自のリサーチで広告の投資収益率を正確に分析した上で、新たな戦略を示した力作。

P&Gやマッキンゼーをもクライアントに持つと言われる著者が、企業のプロモーション活動の無駄を一刀両断にしている。

要旨

多くの企業において、これまで通りのマーケティングでは、科学的なマーケティングリサーチを経ずに「勘と経験に頼る」が故に投資対効果を無視し

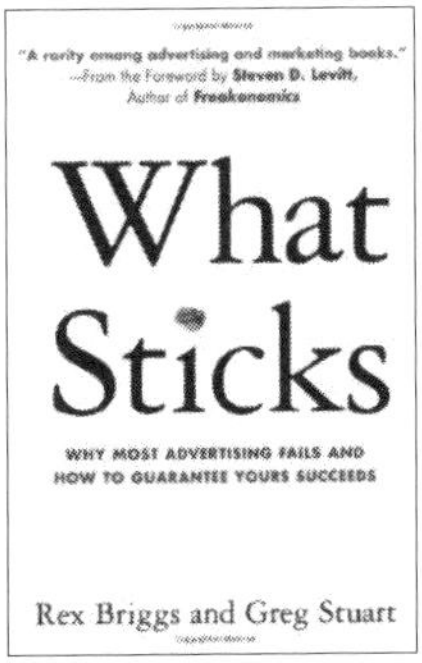

原著『What Sticks：Why Most Advertising Fails And How to Guarantee Your Succeeds』（初版2006年）

たマーケティング費用の浪費が見られるという。

本書は、科学的な広告効果の検証結果に基づき、効果的な広告表現、メディアミックスの実践を通してマーケティング費用の4割を削減できると説いている。

マーケティング、特にプロモーション政策に対する永遠の課題は、「投資対効果（投資の評価と管理）」だ。本書は、その実態とともに、マーケティング・キャンペーンに有効なものとそうでないものをどのように見分けるかという視点を与えてくる。

最後に、マーケティングの4M（モチベーション、メッセージ、メディア、マキシマイゼーション）を通して収益実績の改善を図れるとしている。

重要なメッセージ

◆広告効果における9つの個別要素のうち、マーケターの大半は3分の2を放置している

広告効果に関連する9つの要素は、マーケターが意思決定を行う道筋にな

著者プロフィール≫

レックス・ブリッグス（Rex Briggs）マーケティング・エボリューション社創設者。WPPグループを含む大手企業でシニア・エグゼクティブなどを歴任。『アドウィーク』誌が選ぶ、メディアとテクノロジー分野における「ベスト・アンド・ブライテスト」の一人。CRM、ブランディング、ダイレクト・マーケティング、インターネット・マーケティング、広告評価リサーチなどの分野で数々の賞を受賞。

らい、4つのカテゴリー（4M：モチベーション、メッセージ、メディア、マキシマイゼーション）に分けられる。しかし、「4Mのうち1つまたは複数のMを顧みなかったせいで広告費の40％近くが無駄になっていた」という。特に「ほとんどの企業は、4Mの第一の要素、消費者のモチベーションを獲得する上で欠かせないマーケティングの意思決定において、体系的なプロセスを一切持っていない」という。

◆成功のコンセンサスを獲得すべし！

コミュニケーション最適化プロセス（COP）の最初のステップはキャンペーン目標に関するコンセンサスを得ることである。しかし、上位100社のうち30社以上をリサーチした結果では、企業のマーケティングチームの87％は成功の定義が一致しないままキャンペーンを開始していた。誰かが「このキャンペーンの目標はAとB、それにCだ」と言ったとき、すぐに「Aは達成できてもBとCがダメだったらそれは成功か？」「Bが達成できて、AとCがダメだったら？」と考えると、複数の目標は互いに整合しない状況になる。真の成功の基準を掘り下げて考えることが重要である。

◆行動プランのコンセンサスを獲得すべし！

著者プロフィール≫

グレッグ・スチュアート（Greg Stuwart）ニューヨークを拠点とし、Google、MSN、NYTimes.com、Yahoo! など、300社を超えるインターネット関連のリーディング企業が加入する「インタラクティブ広告協議会（IAB）」CEO。20年にわたり、大手企業や広告代理店、メディア企業等で要職を歴任。

COPの2番目のステップは、行動プランのコンセンサス獲得である。全米広告主協会（ANA）によると、マーケティングスタッフの労働時間の70％は手直しに費やされている、という。成功のコンセンサスに基づき、「望んでいた目標を達成できないときの対応策をあらかじめ決めておく」ために意思決定ツリーを共有しておくことは、その手直しのロスを大幅に削減する。

◆マーケティング効果の評価と行動プランを結びつける！

COPの3番目のステップは、評価と行動プランの紐づけである。通常の予実の統制またはPDCAサイクルと同様、「明確な成功の定義と、各種シナリオのもと、どのような行動をとるかをはっきり示したプランに加え、マーケティング効果を示すデータを分析」することで、計画通り機能しているキャンペーンの部分を探し出し、最適化を図る。「シナリオプランニング＋評価＋行動＝同じ予算でより良い成果」

◆マーケティング成功の鍵を握るモチベーションには、次の3つの側面がある。

①モチベーションとニーズ

消費者がなぜその製品を買うのかを理解する。消費者はなぜそのブランド

4M

モチベーション（戦略）			メッセージ（クリエイティブ）		メディア（配分）		マキシマイゼーション（ROI）	
消費者ニーズ	ポジショニング	セグメンテーション	メッセージの伝達	タッチポイント（顧客接点）の統合	メディア力学	メディア心理学	メディアの最適化	メディア以外の最適化

を「採用」するのか？　どのような購買態度や信念が消費者に別のブランドではなくそのブランドを買わせるのか？

②ポジショニング

自社製品を主要なライバルと差別化する方法を知る。消費者にこの製品を他とは違う、特別だと思わせるものは何か？

③セグメンテーション

消費者層によって製品選択が異なることを認識する。消費者セグメントに合わせて（モチベーションやポジショニングの観点で）提供する製品を少しずつ変えなければならない。

◆同じ価格、品質でもブランドに対する消費者のモチベーションは違う！

モチベーションを評価することで、マーケティングメッセージが消費者に重要なモチベーションと結びついているかどうかを確認し、競合ブランドが活用しているモチベーションも理解できる。

◆旧式の理論・リサーチに惑わされるな！

売上向上の予測因子は広告想起率でない（実証）。広告により重要な製品特性に対する消費者の認識（興味）を高めたか（たとえば、「元祖」など）。

つまり、実験計画法*の科学的手法を使い、意見や行動の変化を観察するべきである。〈*実験計画法：ある集団（実験群）には薬を、一方の類似した集団（コントロール群）にはプラシーボ（偽薬）を与えて新薬の効果を試すもの〉

◆直感的メッセージから科学的メッセージへ！

感情や行動など、要素の異なる2つのメッセージを比べて、反応の良い方法を測定する「A／Bスプリットテスト」をツールとして活用すべき。本来、ダイレクトメールのマーケティング分野で生まれたこの手段は「消費者リストを無作為に分け、異なるメッセージを送付して、現実にどのメッセージが効果的かを測定する方法」。

◆広告をコマーシャルで3回見るより、異なるメディアで目にする方が消費者への影響力が強い！

消費者は無意識のうちにパターンを読み取るという。さまざまなメディア上のメッセージが一貫していればコアメッセージは強化される。ラジオ広告の音が消費者の心の中でテレビ画像の再生を誘導していること（イメージトランスファー効果）も実証されている。

◆メディア最適化はリアルタイムで対応せよ！

フィリップスはキャンペーン期間中に10万ドルの使い道を転換。メッセージ内容を媒体に合わせるメッセージミックスの導入やターゲットの再検討などを実施し、２７００万ドル分の増分純利益をもたらし、２００６年第４四半期の市場シェアを５％増加させた（米国広告調査財団）。

新たなマーケティングの提案

新たなロジックと実践ステップ

第Ⅱ部　広告を再生する
――今すぐ始めるマーケティングと広告のカイゼン

第6章　COPを使ってマーケティング・キャンペーンを導く
第7章　COPの３つのステップ

成功する実践ポイント

第Ⅲ部　広告の費用対効果を向上させる
――広告費 10 億ドル分の事例に学ぶ実践戦略

第8章　モチベーションと消費者のニーズ
第9章　モチベーション、セグメンテーション、ポジショニング
第10章　心に刺さるメッセージと広告
第11章　直観的メッセージから科学的メッセージへ
第12章　タッチポイントへのメッセージ
第13章　メディア配分の「物理的法則」
第14章　メディアの最適化でマーケティングROIを向上する

『刺さる広告』目次　体系マップ

従来のマーケティングの課題と対策

現状分析

第Ｉ部　マーケティングはすでに死んでいる
――だが、再生は可能だ

第1章　消費者の心に刺さる新しいマーケティング
第2章　広告に関する「知識基盤」の欠如を克服する
第3章　変化に抵抗する「マーケティング文化」を克服する
第4章　「マーケティング組織」の課題を克服する
第5章　マーケティングにおける「広告の価値」を再評価する

成功するアイデアの6つの法則を紹介

『アイデアのちから』

Made to Stick : Why Some Ideas Survive and Others Die

チップ・ハース＋ダン・ハース（著）

飯岡 美紀（訳）
日経BP社刊
本体価格　1,600円

Keyword【キーワード】

① 新商品開発
② 創造的思考
③ イノベーション

機能別分類

ゼネラルマネジメント	
論理的思考	
技術経営・アントレプレナーシップ	
ヒト（HR／組織行動）	
モノ（マーケティング）	◎
カネ（会計・財務）	
戦略	

キャリア職位別分類

初級者	中級者（マネージャー）	上級者（シニアマネージャー）
◎		

読み継がれている理由

人を動かし世の中を動かす、凄いアイデアの仕組みを、

①単純明快
②意外性
③具体的
④信頼性
⑤感情に訴える
⑥物語性

という6つの法則によって、〝超〟具体的な事例とともに説明した書。

マーケティングやMOT（技術経営）、イノベーションの専門家ではない、組織行動学の教授によって執筆されたことに本書の奥行を感じる。

大統領のスピーチしかり、組織変革やリーダーシップなど、組織を動かす際の重要なメッセージとして、読者に非常に重要な示唆を与える名著である。

2007年に発刊されて150万部を超える全米ベストセラーとなり、25カ国語以上に翻訳されている。

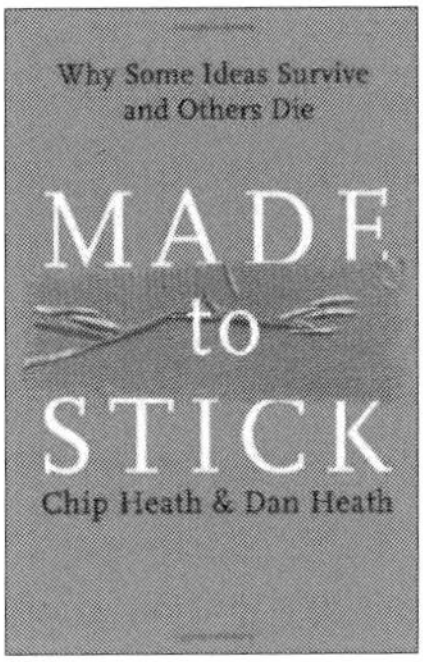

原著『Made to Stick：Why Some Ideas Survive and Others Die』（初版2007年）

要旨

ソニー創業者である井深大の「ポケットに入るラジオ」というコンセプトは、ソニーを世界企業に飛躍させた。また、1980年の米大統領選における討論会において、現職のジミー・カーターに対し、共和党のロナルド・レーガンは米国経済の停滞ぶりを統計で示す代わりに、「投票する前に、あなたの暮らしが4年前より良くなったかどうか自問してください」という一言だけを述べた。つまり、具体的に善し悪しを主張するのではなく、有権者にその判断を委ねたのである。結果、レーガンは勝利した。

このように、本書では人を動かし世の中を動かす、凄いアイデア創造のフレームワークを、以下の6つの法則「SUCCESs（サクセス）の法則」と名づけ、詳しく解説している。

①単純明快
②意外性
③具体的
④信頼性

著者プロフィール≫

チップ・ハース（Chip Heath）スタンフォード大学ビジネススクール教授。組織行動論を専門とする。Google や Gap をはじめとする世界的企業のコンサルティングも行う。過去には、シカゴ大学ビジネススクールやデューク大学フュークア・ビジネススクールで教鞭をとっている。

⑤感情に訴える
⑥物語性

この6つの法則はそのまま本書の章立てになっており、ハンディなツールとしても使いやすい構成になっている。

正しい答えを出すより、その正しい答えを相手に認識させ、行動を起こさせるほうが難しいと言われる。本書は後者、つまり相手の立場になって、「自分たちが揺さぶられ、動かされるためのメッセージの伝え方とは何か」という点に絞って掘り下げられている。

重要なメッセージ

◆Simple（単純明快であれ）
最も伝えたい内容、核となる部分を、短い言葉で冒頭に持ってくること。小泉純一郎元首相などのスピーチなどにも共通する。短いが、意味深（捉え方により、様々な解釈ができる）な言葉が良い。

◆Unexpected（意外性を与えよ）

著者プロフィール≫

ダン・ハース（Dan Heath）デューク大学社会起業アドバンスメント・センター（CASE）のシニアフェロー。ハーバード大学ビジネススクールでMBA取得後、同学の研究員を務めていた。オンライン教育大手Thinkwellの共同創設者。

ソニーの「ポケットに入るラジオ」のように、相手の期待を裏切るようなメッセージを入れる。前掲の『考える技術・書く技術』(バーバラ・ミント著)で言う「導入部のストーリー展開」(受け手の期待していない事実やメッセージを導入部に挟むことで、受け手に興味を抱かせる)と同様である。

◆Concrete(具体的であれ)

メッセージの受け手にイメージを湧かせるためには、抽象的な正論で攻めても太刀打ちできない。〝超〟具体的な表現を使って、内容に現実味を持たせよう。

◆Credible(信頼できる)

話の信頼性を獲得するため、権威者の意見や固有名詞、数字、図表などを用いる。メッセージをサポートする裏づけとしてのわかりやすい数字や図表でなければ、逆に相手の記憶から遠のいてしまう。

◆Emotinal(感情に訴える)

たばこ会社の前に遺体袋を描写し、「タバコが毎日、何人殺しているか、知っていますか?(1800人=遺体袋の数)」と訴えた反喫煙団体アメリカン・レガシー財団の「真実」キャンペーン広告と、「考えて、吸わないで」

のキャッチフレーズの広告では、認知率が8倍、今後1年間にたばこを吸う可能性があるかどうかのアンケートでは、前者を見た若者は後者に比べ吸わないと答えた人が66％多かった。このキャンペーンでは、理性的な判断ではなく、たばこ会社に対する反抗心で感情に訴えている。

◆Story（物語性がある）

具体的な表現によるイメージをさらに拡げるためには、その具体的な内容をストーリー（物語）として語ると、人々は行動をより起こしやすくなる。サブウェイで食事して90キロも減量することができた青年のストーリーにより、人々はファストフードに抱くイメージを変えることがある。

[redacted]

・サウスウェスト航空の「核となる部分」の見極め方
・リードの埋没
・「三つ言うのは、何も言わないのに等しい」
etc

・驚きの眉
・ノードストロームとタイヤチェーン
・月面着陸とポケットサイズのラジオ
etc

・信頼性を見出す
・細部の威力
etc

・肉はどこ？
・検証可能な信頼性
etc

・意味拡張との戦い:「スポーツマン精神」のケース
・イラクの食堂
・ポップコーンメーカーと政治学
etc

・ゼロックス社員の職場の会話
・受身ではない聴き手
・発見する技
・挑戦の筋書き
・世界銀行での物語
etc

・記憶に焼きつく要素
・犯人は他にもいる
etc

『アイデアのちから』目次　体系マップ

人を動かし世の中を動かす、凄いアイデア創造のための「SUCCESs（サクセス）の法則」

原則１　SIMPLE
第１章　単純明快である

原則２　UNEXPECTED
第２章　意外性がある

原則３　CONCRETE
第３章　具体的である

原則４　CREDIBLE
第４章　信頼性がある

原則５　EMOTIONAL
第５章　感情に訴える

原則６　STORIES
第６章　物語性

終章(What Sticks)

アイデアを記憶に焼きつけるための手引き

第6章

カネ(会計・財務)

パレプ&バーナードほか『企業分析入門』(第2版)

コラー&『企業価値評価』(第5版)(上・下)

ブリーリー&マイヤーズほか『コーポレート・ファイナンス』(第10版)

クーパー&カプランほか『ABCマネジメント革命』

コープランド&アンティカロフ『決定版リアルオプション』

バーンスタイン『リスク』

会計領域全体の体系書

『企業分析入門 第2版』

Business Analysis & Valuation

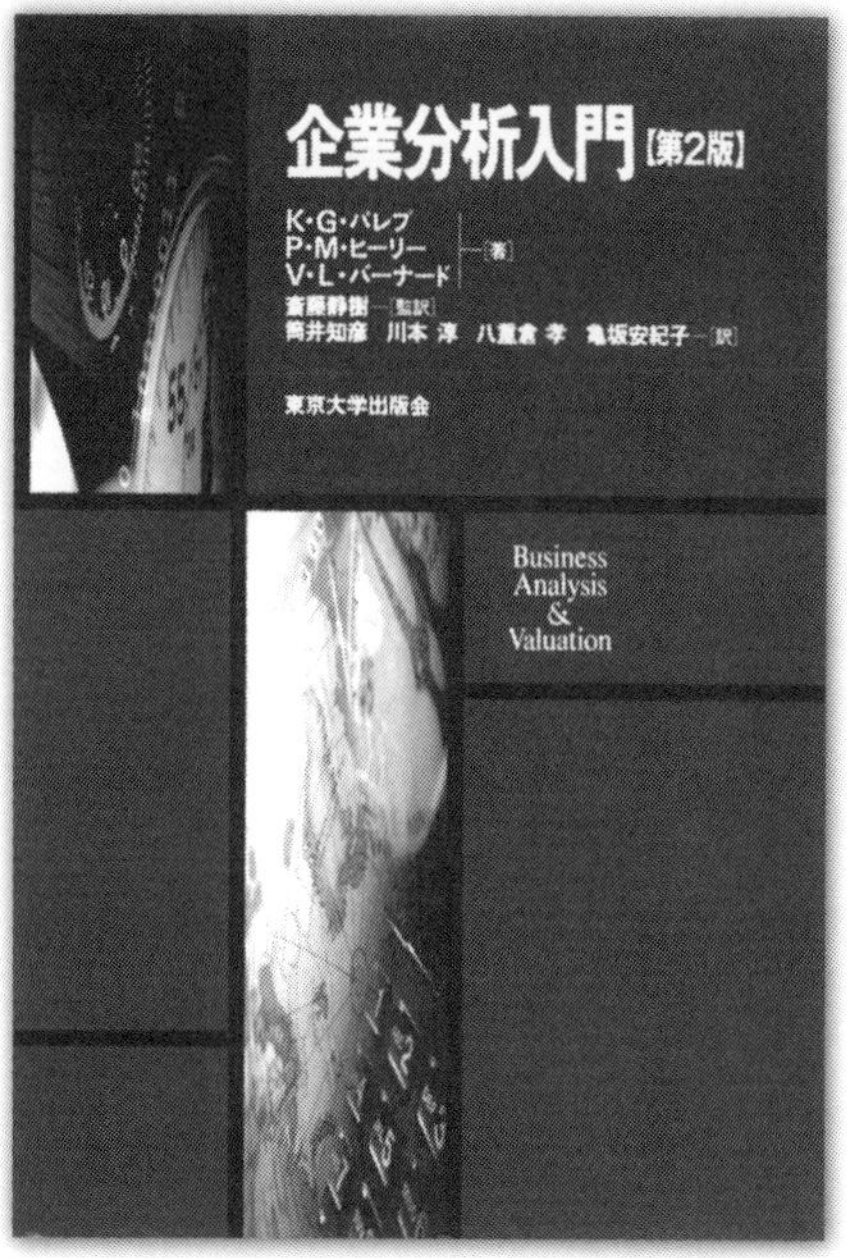

K.G.パレプ＋V.L.バーナード＋P.M.ヒーリー(著)
斉藤 静樹（監訳）
筒井 知彦＋川本 淳＋八重倉 孝＋亀坂 安紀子（訳）
東京大学出版会刊
本体価格　4,800円

Keyword【キーワード】

① 経営戦略分析
② 会計分析、財務分析、将来性分析
③ 財務政策
④ ディスクロージャー

機能別分類

ゼネラルマネジメント	
論理的思考	
技術経営・アントレプレナーシップ	
ヒト（HR／組織行動）	
モノ（マーケティング）	
カネ（会計・財務）	◎
戦略	○

キャリア職位別分類

初級者	中級者（マネージャー）	上級者（シニアマネージャー）
△	◎	○

読み継がれている理由

財務諸表を利用した企業分析に関するバイブルと言われる本書は、会計情報を企業分析と企業評価に適用するための枠組みを提供する。

従来の財務諸表分析は、収益性、生産性、リスクの指標を財務比率によって分析し、時系列あるいは部門別で分析することのみを中心に論じられてきた。しかし、そのような伝統的な財務諸表分析では、現状の問題点を見つけることはできても、将来の予測やそれにもとづく企業の評価には役立っていなかったと言われる。

本書は、伝統的な比率分析の知識を踏まえながらも、それを将来の予測や分析に役立てる概念と手法を論じている。まさに定量的分析と定性的分析に橋をかけ、将来も含めた企業の総合的な分析を体系的に論じた書と言える。多くのビジネス・スクールでもアカウンティング授業の教科書に指定されており、この分野の最高峰の1つとされる名著である。

原著『Business Analysis & Valuation』（初版1996年）

要旨

財務諸表を利用して、企業分析を行うステップは、大きく、
①経営戦略分析
②会計分析
③財務分析
④将来性分析
といった4つに分けられる。

まず、最初の①経営戦略分析（a産業分析、b競争戦略分析、c企業戦略分析）では企業の収益決定要因や重要なリスクを明らかにすることができる。

特に、産業分析では、産業の収益性を把握するためにファイブフォース分析を使用し、競争戦略分析では、ポーターのいう競争優位を作るためにコスト優位か差別化のどちらを採用していて、その実行のための能力が備わっているるか、優位性が持続するかなどを検討する。企業戦略分析では、個々の事業の戦略でなく、それを束ねた企業がシナジーを発揮しコスト優位、差別化が実現できる能力があるかなどを把握する。

著者プロフィール≫

クリシュナ・G・パレプ（Krishna G. Palepu）インドのアンドーラ大学で物理学の学士と修士、インド経営大学院で経営学修士（MBA）を終えた後、米国マサチューセッツ工科大学（MIT）において博士の学位を取得。1983年からハーバード大学ビジネス・スクールで教え、現在は同校教授。会計およびコントロール部門のチェアマンを兼ねている。

②会計分析では、主に損益計算書、貸借対照表、キャッシュフロー計算書のいわゆる「財務三表」を利用して行われる。分析は、大きく、「資産の分析」「負債・持分の分析」「収益の分析」「費用の分析」「会計エンティティ分析」の5つに分けられる。会計分析の目的は、会計が事業の根底にある真実をどの程度捉えているかを評価することにある。会計数値に歪みが出る可能性のある箇所を資産、負債・持分、収益、費用、会計エンティティで診断し、その歪みの程度を評価することができる。そして会計数値を真実な数値に修正したうえで、次の財務分析へ移る。

③財務分析では、財務数値を利用して、企業の現在と過去の業績を比較し、その業績の持続性を評価することにある。ここでは比率分析とキャッシュフロー分析という2つのツールを用いて行われるが、比率分析は損益計算書、貸借対照表を、キャッシュフロー分析にはキャッシュフロー計算書を活用して分析を行う。

分析は売上高純利益率（営業活動の管理）、資産回転率（投資の管理）、財務レバレッジ（負債の管理）を中心に評価し、ROE（自己資本利益率）のレベルを診断する。キャッシュフロー分析は、企業の営業活動、投資活動、

著者プロフィール≫

ポール・M・ヒーリー（Paul M. Healy）ニュージーランドのビクトリア大学で会計およびファイナンスの学士、その後、米国ロチェスター大学に学び、経済学で修士（MS）、経営学で博士の学位を取得。1983年からマサチューセッツ工科大学（MIT）スローン・スクールで教え、同校教授を経て1997年からハーバード大学ビジネス・スクール教授。

財務活動を分析し、比率分析をサポートしている。

最後の④将来性分析は「予測」と「評価」の2段階に分かれて行われる。「予測」は、先に行った経営戦略分析、会計分析、財務分析、から得られた将来の見通しを集約し、売上高、費用、利益、バランスシート項目、キャッシュフローを予測する。予測から企業価値を導く「評価」のステップでは、企業が将来どのくらいの企業価値になるかを予想する。企業評価の方法は、株価倍率による方法や割引キャッシュフロー法、割引超過利益評価法など多数あるがそれぞれ長短合わせ持つため、本書では12章で事例を使ってわかりやすく、かつ詳細に説明している。

また、本書では、「株式分析」、「債権分析と財務危機の予測」、「企業買収」、「企業の財務政策」、「経営者による情報公開」など、各意思決定場面において実在する5社の事例を使って一連の企業分析を行い、実践における深い理解を促している。

著者プロフィール≫

ビクター・L・バーナード（Victor L. Bernard）
1928 年生まれ。イリノイ大学において博士の学位を取得。本書執筆時はミシガン大学教授。同大学ペイトン会計センタ所長やアメリカ会計学会研究部長を歴任。1995 年死去。

重要なメッセージ

◆経営者は、会計や情報開示の方針を選択することで、財務報告を利用する外部の利用者が事業の真実の姿を理解するのを困難にすることができる。
◆経営戦略分析によってアナリストは定性レベルで企業の経済性を評価することが可能になり、これが財務諸表分析の出発点として重要な役割を演じる。
◆財務報告制度のフレームワークを理解することで、会計数値がどの程度歪んでいるのかを評価することができる。
◆企業の現在の資本構成や配当政策が、株主の価値を最大化しているかを評価するのに有用な分析ツールは、オフバランスの負債を見極めるための会計分析、事業リスクを解釈するための比率分析、投資ニーズを調べるためのキャッシュフロー分析および将来分析である。

企業分析の応用

第Ⅲ部　企業分析の応用

株式市場

13.　株式分析

債券市場

14.　債券分析と財務危機の予測

企業買収政策

15.　企業買収

主な財務政策

16.　企業の財務政策

IR政策

17.　経営者による情報公開

事例研究

第Ⅳ部　企業分析の事例

インターネットサービスプロバイダー

America Online,Inc

日曜大工用品（DIY）倉庫型小売店

The Home Depot,Inc

靴メーカー

Maxwell Shoe Company,Inc

電気設備会社

Schneider and Square D

カジュアル衣料メーカー

The Gap,Inc

『企業分析入門【第２版】目次　体系マップ

企業分析の基礎

第Ⅰ部　序論

1　財務諸表を利用した企業分析および評価のフレームワーク

第Ⅱ部　企業分析の道具

2　経営戦略分析

・産業分析
・競争戦略分析
・企業戦略分析

3　会計分析

4. 資産の分析
5. 負債および持分の分析
6. 収益の分析
7. 費用の分析
8. 会計エンティティ分析

9　財務分析

・比率分析
・キャッシュフロー分析

10　将来性分析

・予測
・評価理論と概念
・企業評価の実際

財務領域の企業価値に関する体系書

『企業価値評価 第5版』(上・下)

―バリュエーションの理論と実践―

Valuation: Measuring and Managing the Value of Companies

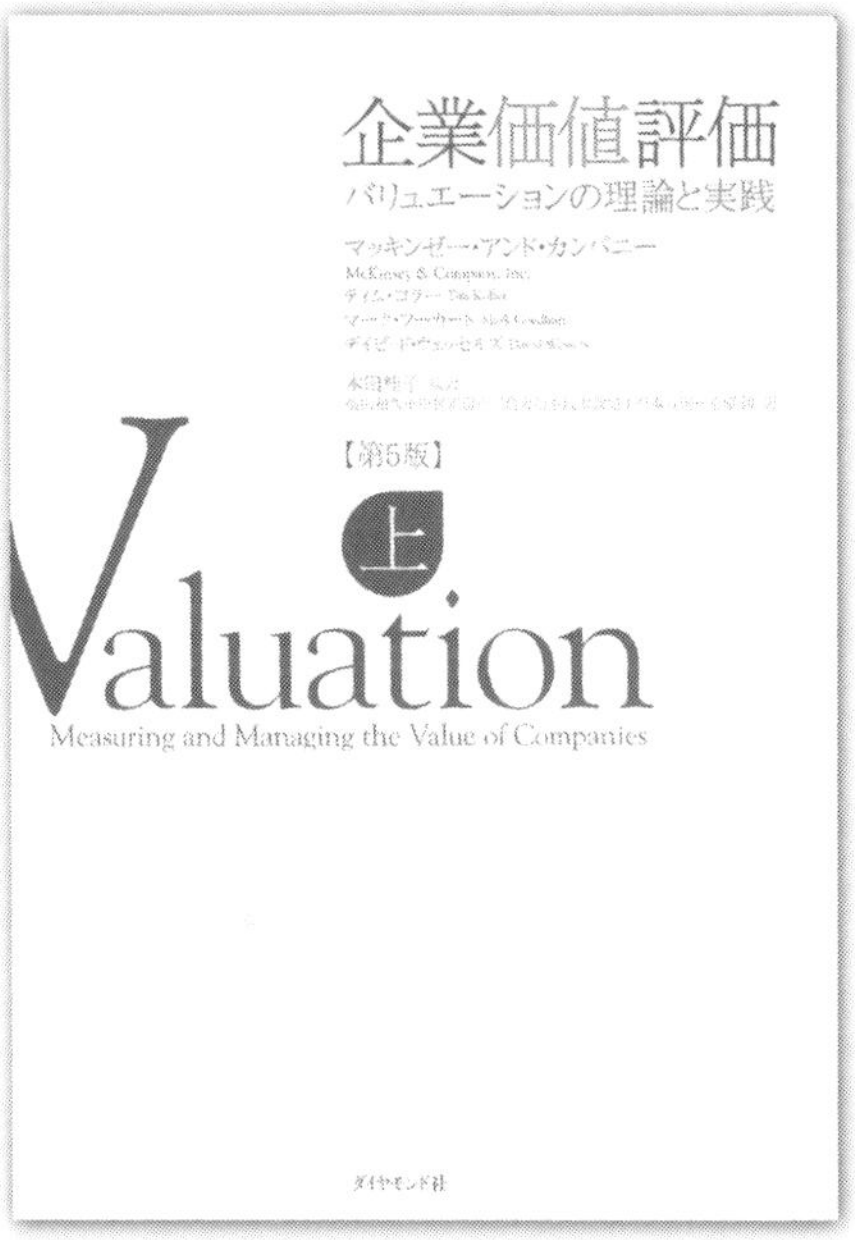

マッキンゼー・アンド・カンパニー＋ティム・コラー＋マーク・フーカート＋デイビット・ウェッセルズ(著)

本田 桂子(監訳) 柴山 和久＋中村 正樹＋三島 大輔 ほか(訳)

ダイヤモンド社刊

本体価格　各4,000円

Keyword【キーワード】

① 割引キャッシュフロー法
② CAPM(資本資産評価モデル)
③ WACC(加重平均資産コスト)
④ リアル・オプション

機能別分類

ゼネラルマネジメント	
論理的思考	
技術経営・アントレプレナーシップ	
ヒト(HR／組織行動)	
モノ(マーケティング)	
カネ(会計・財務)	◎
戦略	○

キャリア職位別分類

初級者	中級者(マネージャー)	上級者(シニアマネージャー)
△	◎	○

読み継がれている理由

株価は事業の価値、ひいては株主価値と連動しており、事業価値を向上しなければ株価は上昇しないというのがファイナンス理論の原点である。企業は、事業を通じて価値を創造し、企業価値を向上させ、株価を上げなければならないが、それには具体的に企業は何をしていけば良いかを考えなければならない。

この問いに答えるために、本書では企業価値がなぜ必要なのか、そしてそれをいかに管理していくか、企業価値の算定方法といった理論的フレームワークを押さえた上で、事例を使いながらどうすれば企業価値を創造する経営を行うことができるかについて論及している。

各国のMBAプログラムの指定教科書としても多く使用され、後述するブリーリ＆マイアーズ著の『コーポレート・ファイナンス』と並び、まさにコーポレート・ファイナンスのバイブルと言われている書籍である。

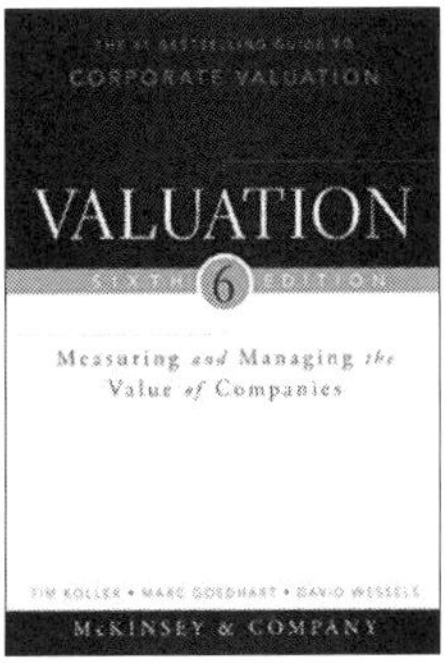

原著『Valuation：Measuring and Managing the Value of Companies』（初版 1981 年）

要旨

企業価値を創り出し、管理する能力は経営を行う上で不可欠である。では企業価値創造の本質とは何であろうか。それは次の5つである。

①投下した資産が資本の機会費用を上回るリターンを生み出すことで価値が創造される

②将来キャッシュフローもしくはエコノミック・プロフィットの現在価値を最大化する戦略を取ることで、価値が創造される

③ROIC（投下資本利益率）が資本コストを上回る限り成長により価値が創造される

④株価というものは企業の将来の業績に対する市場の期待で決まる。しかし市場の期待は正確な業績予測によるものとは限らない

⑤株主が得るリターンの大きさは、主として企業の将来の業績への期待と実績の格差で決まる。

一方、これらを実行する際の指標として、

①株式市場のパフォーマンス（株主価値創造ができているかどうかを判断

著者プロフィール≫

ティム・コラー（Tim Koller）シカゴ大学ビジネススクールにてMBAを取得。世界40カ国以上に80以上の支店を持ち、7,000名のコンサルタントがグローバルに活動を展開する経営コンサルティングファーム、マッキンゼー社のパートナー。ニューヨーク支社を中心に25年以上にわたり、企業戦略、M&A、企業価値創造経営について世界中のクライアントにアドバイスを行ってきた。コーポレート・パフォーマンス・センターのリーダーであり、グローバルのコーポレート・ファイナンス研究グループにおけるリーダーの一人。また、企業価値評価と資本市場に関する調査研究を率いる。

する最終的な指標は株式市場であり、TRS（株主投資利回り）MVA（市場付加価値）などが基準となる〉
②企業価値〈DCF法・PEマルチプル法などを使って算出〉
③財務指標〈ROIC（投下資本利益率）・成長率〉などを活用していく。
また、業績をどのように達成しているかという分析や、将来業績がどのように変化するかを見るためのシミュレーションには、特に企業価値に大きな影響を及ぼす要因と言えるバリュー・ドライバーが何かを見極め、それらをコントロールすることが重要であるという。

そして、最終的に価値創造経営を実現するためには、
①アスピレーションと数値管理
②事業ポートフォリオ管理
③組織設計
④バリュー・ドライバーの見極め
⑤事業部門の業績管理
⑥個人の業績管理
という6つの活動領域があるが、これらの推進のためには経営トップのコ

著者プロフィール≫

マーク・フーカート（Marc Goedhart）マッキンゼー社のシニア・エキスパート。15年超にわたり、事業ポートフォリオ再構築やM&Aなどについて欧米全土のクライアントにアドバイスを行ってきた。欧州のコーポレート・パフォーマンス・センターのリーダーも務める。ロッテルダム・エラスマス大学にてファイナンスの博士号取得。同大准教授としてファイナンスの教鞭も執っている。

ミットメントが不可欠であるという。

重要なメッセージ

◆現実の世界で、企業は株主投資利回り、割引キャッシュフロー法（DCF法）、エコノミック・プロフィット、経済的付加価値（EVA）、投資キャッシュフロー利益率（CFROI）、投下資産利益率（ROIC）、一株当たり利益（EPS）という経営指標を使用するが、目的に応じて使い分けるべきである。

◆過去の収益性の分析で使用するROIC（投資資本利益率）は、投資に対するリターンに影響を及ぼす主要因について把握することができる。そのためには、ROICを営業利益率（EBITA／売上高）と資産回転率（売上高／投下資産）に分解することにより、企業が売上からどれだけ効率よく利益を上げているか、投下資本をどれだけ効率的に活用しているかを把握することができる。

◆株式市場で多様なリストラ手法が導入され、事業再編の選択肢が拡大した。

著者プロフィール≫

デイビッド・ウェッセルズ（David Wessels）マッキンゼー社を経て、ペンシルバニア大学ウォートンスクール（経営学大学院）准教授（ファイナンス）兼エグゼクティブ教官グループ・ディレクター。「ビジネスウィーク」誌にてトップ・ビジネススクール教官の一人に選ばれたこともある。カリフォルニア大学ロサンゼルス校にて博士号取得。

従来の事業の売却に加え、スピン・オフ、マネジメント・バイアウト（MBO）、トラッキングストック、資本のカーブアウトなどである。これらのオプションのうち、株主にとってどれが適当かを決定する際、企業価値評価は重要になる。

◆新興成長市場における企業価値の算定方法は、

①カントリー・リスクプレミアムを含まない資本コストを用いて、シナリオごとにキャッシュフローを割引き、シナリオの発生確率で加重平均を取る方法

②カントリー・リスクプレミアムを含む方法によって、キャッシュフローを割引く方法

③公表されている時価総額あるいはトレーディング・マルチプルを用いる方法

があるが、いろいろな方法で比較し、価値のレンジを求めるのが望ましい。

◆日本とアメリカにおける企業価値評価の主要な相違は、規制によるビジネス上の慣習の違い、会計基準の違いによる会計上の数値の見方の違い、税制の違い、日本の資本市場の特異性に起因する。

→ 手段方法論 → 一連のプロセス解釈

第Ⅱ部　実践編

第６章 企業価値評価のフレームワーク
第７章 財務諸表の組み替え
第８章 業績および競争力の分析
第９章 将来の業績予測
第10章 継続価値の算定
第11章 資本コストの推定
第12章 企業価値から１株当たりの価値へ
第13章 企業価値の算定と結果の分析
第14章 マルチプル法による企業価値評価の検証

第Ⅲ部　創造編

第15章 企業価値はROICと成長率で決まる
第16章 市場は形式ではなく実体を評価する
第17章 市場心理と価格乖離
第18章 効率的市場における投資家と経営者

第Ⅴ部　上級編

第25章 税金
第26章 営業外費用、一時費用、準備金および引当金
第27章 リース、年金、その他負債
第28章 資産計上された費用
第29章 インフレーション
第30章 外貨
第31章 ケース・スタディ：ハイネケン

第Ⅵ部　応用編

第32章 経営の自由度の価値評価
第33章 新興国市場における企業価値評価
第34章 高成長企業の価値評価
第35章 周期的変動のある企業の価値評価
第36章 銀行の価値評価
第37章 日本における企業価値創造

『企業価値評価（上下）』目次　体系マップ

（上巻）基礎理解

全体像

第Ⅰ部　原理編

第１章 なぜ企業価値か?
第２章 価値創造の基本原則
第３章 期待との際限なき闘い
第４章 投下資産利益率（ROIC）
第５章 成長とは何か

（下巻）個別トピックス

補足事項

第Ⅳ部　管理編

第 19 章 事業ポートフォリオ戦略
第 20 章 価値創造のための業績管理
第 21 章 M&A による価値創造
第 22 章 事業売却を通じた価値創造
第 23 章 有利子負債・資本構成
第 24 章 IR 活動

財務領域全体の体系書『コーポレート・ファイナンス 第10版』(上・下)

PRINCIPLES OF CORPORATE FINANCE

リチャード・ブリーリー＋スチュワート・マイヤーズ＋フランクリン・アレン(著)

藤井 眞理子＋国枝 繁樹(監訳)
日経BP社刊
本体価格　各6,000円

Keyword【キーワード】

① 純現在価値(NPV)
② リスク
③ 資本資産評価モデル
④ 加重平均資本コスト

機能別分類

ゼネラルマネジメント	
論理的思考	
技術経営・アントレプレナーシップ	
ヒト(HR／組織行動)	
モノ(マーケティング)	
カネ(会計・財務)	◎
戦略	○

キャリア職位別分類

初級者	中級者(マネージャー)	上級者(シニアマネージャー)
△	◎	○

読み継がれている理由

企業は、事業という実物資産への投資を行って価値を生み出し企業価値を増加させるが、コーポレート・ファイナンスの目的はまさにその企業価値を増大させることにある。本書ではこの財務上の意思決定について包括的に、かつわかりやすく論じられており、財務担当者が企業環境の変化に対応し応用できる基礎理論が精緻に論じられている。

原著は、１９８１年に発刊されたが、それ以降版を重ね全世界8地域で刊行されている。欧米の多くのトップ・ビジネススクールにおいても指定テキストとして使用されており、コーポレート・ファイナンスのバイブルとして高い評価を受けている。

要旨

本書は、財務上の意思決定に関して包括的に論じられている基本書である。企業は価値を増加させるために投資を行う。そのプロセスは、次のようにま

原著『PRINCIPLES OF CORPORATE FINANCE』（初版 1981 年）

とめられる。
①投資を行うために投資家・債権者から資金を調達する
②調達した資金を価値が増大するような事業等に投資を実施する
③投資から資金を回収する
④その資金を返済・分配に充てる
そこで、価値を高めるためにはどのように資金を調達すればよいのか、価値を高める投資をどのように見極めればよいのか、価値を高めるにはどのような資本構成にすればよいのか、価値を高めるための収益の分配方法はどのように行うか、リスク管理をどのように行えばよいのか、などが問題となるが、これらの問題すべてに解を与える網羅的な内容を、実にわかりやすく体系的にまとめている。

重要なメッセージ

◆100ドルを投資し、その後2つのコインを投げたとする。表が出た回数に応じて投資した額に20%加えた額が得られ、裏が出た回数に応じて投資し

著者プロフィール≫

リチャード・A・ブリーリー（Richard A. Brealy）
イングランド銀行総裁の特別顧問、ロンドン・ビジネス・スクールのファイナンス担当客員教授。1968年より1998年までロンドン・ビジネス・スクール教授の職にあり、ヨーロッパ・ファイナンス学会の会長を務めた。また、ブラットル・グループ、カナダのサン・ライフ・アシュアランス社の在英持ち株会社および東海デリバティブ・プロダクツの役員も歴任している。著作は、『Introduction to Risk and Return from Common Stocks』ほか多数。

た額から10％差し引かれるケース（ケース１）と、表が出た回数に応じて投資した額に35％加えた額が得られ、裏が出た回数に応じて投資した額から25％差し引かれるケース（ケース２）を考えてみる。ケース１では、期待収益率は10％で標準偏差は21となる。ケース２では10％であるが標準偏差は42となる。よってケース２はケース１の２倍のリスクがあることになる。

◆近所のキャデラックの販売店が、あなたに特別サービスとして４万５００１ドルでキャデラックの新車と好きな映画スターと握手ができる機会を与えてくれたとする。あなたはキャデラックの製品としての価値を評価し４万６０００ドルと見積もれば、ディーラーが映画スターと握手することに９９９ドル支払ってくれるということになる。一方、キャデラックの製品としての価値を４万５０００ドルと見積もれば、あなたが握手に１ドル払うことになる。誤った予測をしないためにも市場価値から出発しなければならない。

◆10年前に６万ドルで家屋を購入する際、価格の50％である３万ドルの融資を受けたとする。現在この家屋には12万ドルの価値があるとする。ここで当初の融資３万ドルを返済し、新たに６万ドルの融資を受けたとする。６万ドルの融資も現在の市場価値の50％となるが、負債の簿価に対する比率は１０

著者プロフィール≫

スチュワート・C・マイヤーズ（Stewart. C. Myers）MIT スローン・スクール・オブ・マネージメントのファイナンス担当、ゴードン・Y・ビラード教授。マイヤーズ博士は、アメリカ・ファイナンス学会の元会長であり、全米経済研究所のリサーチ・アソシエートである。財務上の意思決定、価値評価法、資本コストおよび政府の産業規制の財務的な側面を中心にし研究活動を展開している。マイヤーズ博士は、ブラットル・グループの役員であり、財務コンサルタントとしても活躍している。

0％（家屋の簿価は取得時の6万ドル）となる。簿価情報しか取得できない分析者は、10年前の簿価による負債比率50％と比較して「以前より負債に依存している」と判断するかもしれないが、実際は家屋の市場価値に対する比率は50％で、負債比率が上昇しているわけではない。

◆社債を発行していないU社と8％の金利で1000ドルを社債で資金調達しているL社を比べる。L社は社債の節税効果分（法人税率35％とする）である28ドル（80ドル×35％）分所得が増加する。L社は毎年28ドルのキャッシュフローの増加を永続的に期待できる。よって節税効果の現在価値は350ドル（28ドル÷8％）となる。

◆技術を廃棄するというプット・オプションを持っていた場合の価値評価を考える。廃棄できないプロジェクトの価値（原資産の現時点での価値）が1200万ドルであるとする。需要が好調な場合、1年目には価値が50％上昇し1800万ドルになるが、不調な場合価値は3分の1下がり800万ドルになるとする。好調な場合は、プロジェクトを継続するが、不調な場合プロジェクトを廃棄し、1000ドルで売却するオプションを選択するのが得である。この場合のプット・オプションの価値は200万ドル（1000万ドル－８００万ドル）となる。また金利５％の場合、期待ペイオフ１０８万ドルを金利５％で割引くと１０３万ドルとなる。リアル・オプションでは、原資産の現時点での価値１２００万ドルにオプションの価値１０３万ドルを加え、１３０３万ドルにプロジェクトの価値が増大する。

コーポレートファイナンスの応用と実践

第6部　オプション
- 第20章　オプションを理解する
- 第21章　オプションの価値評価
- 第22章　リアル・オプション

第7部　負債による資金調達
- 第23章　信用リスクと社債の価値
- 第24章　多様な負債
- 第25章　リース

第8部　リスク管理
- 第26章　リスクの管理
- 第27章　国際的なリスクの管理

第9部　財務計画と運転資本の管理
- 第28章　財務分析
- 第29章　財務計画
- 第30章　運転資本の管理

第10部　合併、企業支配権とガバナンス
- 第31章　企業合併
- 第32章　企業再編
- 第33章　各国におけるコーポレート・ガバナンスと支配権

コーポレートファイナンスの限界と課題

第11部　結論
- 第34章　結論：ファイナンス理論の現状と課題

ファイナンス理論における最も重要な7つの考え方
1. 純現在価値
2. 資本資産価格モデル
3. 効率的資本市場
4. 価値の加法性と価値保存の法則
5. 資本構成の理論
6. オプション理論
7. エージェンシー理論

ファイナンス理論における10の未解決問題
1. 重要な財務的な意思決定はどのように行われるか
2. プロジェクトのリスクと現在価値を決めるものは何か
3. リスクとリターンのほかに欠けているものは何か
4. 効率的市場仮説の例外と考えられる事例はどのくらい重要か
5. 経営陣はオフバランスの負債か
6. 新しい証券や新しい市場の成功をどのくらい説明できているのか
7. 配当論争はどこまで解決できるか
8. 企業が負うべきリスクは何か
9. 流動性の価値とはなにか
10. 我々は合併ブームをどのくらい説明できるのか

『コーポレートファイナンス　第10版』（上・下）目次　体系マップ

財務上の目的とその概要：“価値の最大化” → **コーポレートファイナンスの基本**

- **第１部　価値**
  - 第１章　企業の目標とガバナンス
  - 第２章　現在価値の計算方法
  - 第３章　債券の評価
  - 第４章　普通株式の価値
  - 第５章　純現在価値とその他の投資基準
  - 第６章　純現在価値に基づく投資判断
- **大前提となる重要概念**
- **第２部　リスク**
  - 第７章　リスクとリターン入門
  - 第８章　ポートフォリオ理論と資本資産価格モデル
  - 第９章　リスクと資本コスト

- **第３部　資本支出予算におけるベストプラクティス**
  - 第10章　プロジェクト分析
  - 第11章　投資、戦略、経済的レント
  - 第12章　エージェンシー問題、報酬、業績評価
- **第４部　資金調達の決定と市場の効率性**
  - 第13章　効率的市場と行動ファイナンス
  - 第14章　企業の資金調達の概要
  - 第15章　企業はどのように証券を発行するのか
- **第５部　利益還元政策と資本構成**
  - 第16章　利益還元政策
  - 第17章　負債政策は重要か
  - 第18章　企業はどれだけ借り入れるべきか
  - 第19章　資金調達と評価

※第１部～第５部　……上巻
　第６部～第11部……下巻

管理会計の1つの概念に関する研究

『ABCマネジメント革命』

IMPLEMENTING ACTIVITY-BASED COST MANAGEMENT

米国企業を再生させた
コスト管理手法

R.クーパー＋R.S.カプラン＋L.S.マイセル
＋E.モリッシー＋R.M.オーム（著）

KPMGピート・マーウィック＋KPMGセンチュリー
監査法人（訳）
日本経済新聞出版社刊
本体価格　3,689円

Keyword【キーワード】

① ABC
② ABM
③ コスト・ドライバー
④アクティビティ分析

機能別分類

ゼネラルマネジメント	
論理的思考	
技術経営・アントレプレナーシップ	
ヒト（HR／組織行動）	○
モノ（マーケティング）	
カネ（会計・財務）	◎
戦略	○

キャリア職位別分類

初級者	中級者（マネージャー）	上級者（シニアマネージャー）
△	△	◎

読み継がれている理由

１９８０年代の米国企業を取り巻く経営環境は、競争の激化により非常に厳しくなっており、戦略の建て直しやコストの削減を余儀なくされていた。そこで企業は製造・物流・販売など顧客への製品・サービスを提供するために利用される経営資源の消費に関して正確な情報を必要としていた。

１９８０年代後半になると、製造業の競争力に陰りが見え始め、収益性の向上とコストの削減を図るための情報を提供するアクティビティー・ベース・コスティング（ＡＢＣ）が注目を浴びるようになり、多くの書籍が刊行され、セミナー等が各地で行われていた。しかし、実際のＡＢＣシステムの設計、ＡＢＣプロジェクト管理、ＡＢＣから得られた情報から採るべき意思決定、得る利益について体系的に説明した書籍は存在せず、経営者や管理会計部門がＡＢＣ導入を進めるための事例研究が必要であった。

本書は、ハーバード大学のロバート・Ｓ・カプラン教授、ロビン・クーパー教授とローレンス・マイセルがＫＰＭＧピート・マーウィックのコンサルティング部門と協力して実例にもとづく研究を実施し、その成果をまとめ

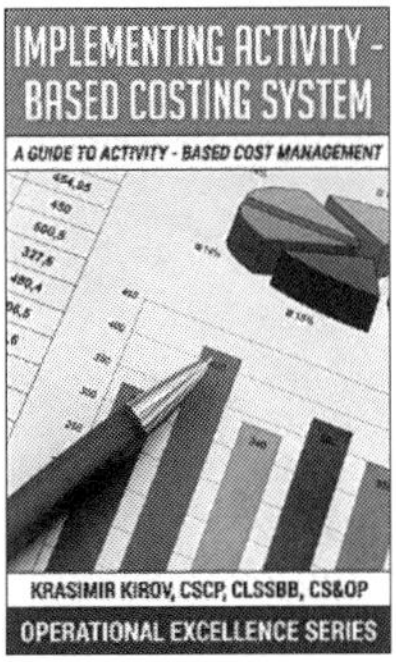

原著『IMPLEMENTING ACTIVITY-BASED COST MANAGEMENT』（初版 1993 年）

たものである。

要旨

本書で述べられているＡＢＣ（アクティビティ・ベース・コスティング）システムは伝統的な原価計算システムとは根本的に異なるものである。

伝統的な原価計算では、勘定科目の特性ごとに人数や面積、売上や粗利益率などにより間接費を一定の基準で配布する。その一定の基準として、労働時間、機械稼働時間など量的な基準を用いている。しかし、間接費として消費される資源は稼働率の違いで大きく利益が変わるため、生産量に比例して発生するものではない。そのため、今までは、どの製品、どの顧客グループが不採算であるのかを正確につかむことができなかった。

一方、ＡＢＣシステムにおいては、アクティビティ（活動）別のコストを正味（労働時間、機械稼働時間など）で集計するため、会社全体のＰＬとは別に、事業そのものの採算性を冷静に判断することができる。

ＡＢＣシステムの設計は、以下の４つのステップを踏むので、間接費を正

著者プロフィール≫

ロビン・クーパー（Robin Cooper）クーパーズ・アンド・ライブランドに会計士として勤務後、1979 年、ハーバード大学にて MBA 取得（ベーカー奨学生）。1982 年、ハーバード・ビジネス・スクールで経営学博士号取得。同年、ハーバード・ビジネス・スクール教授に就任。1990 年、製品の原価決定に関する研究成果に対し、第 1 回「会計学教育改革賞」受賞。1992 年 9 月、クレアモント大学院ピーター・ドラッカー・センター教授（経営学）に就任。主な研究分野は管理会計で、現在 ABC システムの設計と利用に焦点を当てた研究を進めている。

確に最終生産物に割り振ることができ、適正な原価を計算することができる。

①アクティビティの明確化
②コストのアクティビティ別集計
③最終生産物の明確化
④アクティビティ・コストの最終生産物別集計

また、重要なのは、ＡＢＣは原価計算システムというよりも、むしろ経営管理システムであるという点だ。本書のケースは、製造業、金融サービス業、大手エネルギー会社であったが、その中でＡＢＣ分析から得られた視点に基づいて意思決定や行動をとっているのも見受けられた。つまり、製品・サービスの導入・撤退、価格設定、製品・顧客ごとの生産・物流・マーケティングのレベルの設定、ビジネス・プロセスの再設計などに関して意思決定が行われたということである。

しかし一方で、一部の事例企業にプロジェクトの進行に遅れが出ていたものもあることを示し、組織上の準備が不十分であったことを指摘している。実際、現場においては、ＡＢＣの運用には大きな管理負担も見られる。また、ＡＢＣマネジメントを成功させるためには、分析プロセスでのプロジェクト

著者プロフィール≫

ロバート・S・カプラン（Robert S. Kaplan）後掲『キャプランとノートンの戦略バランストスコアカード』の項参照

管理のスキルと、意思決定・行動をとる際の組織的な変革プロセス管理のスキルが必要であることを指摘している。そして補稿において、ABCマネジメントを価値あるものにするために、ABC導入の基本的なステップを紹介している。

ABCを活用するための膨大な準備と仕組みを変える際に発生する並行稼動のパワー、新たな課題の解決といったデメリットと、伝統的な原価計算に基づいた事業別の採算性による誤った意思決定のリスクのどちらを採るか。どちらにしても不都合は生ずる。どちらの不都合を容認してでも変わる必要はあるのか。最終的な判断は、トレードオフで決まる。

重要なメッセージ

◆伝統的な原価計算システムでは、最終生産物の消費した資源のコストの集計は不正確なものになってしまう。

◆ABCシステムは、アクティビティごとに把握した原価をコスト・ドライバーを用いて製品別に集計するため、正確なコストを算出することができる。

著者プロフィール≫

ローレンス・S・マイセル（Lawrence S. Misel）
PMG ピート・マーウィックのマネジメント・コンサルティング部門国内責任者を経て、マイセル・コンサルティング・グループ設立。現在、同グループ責任者。管理職・財務・ライン管理等の部門で 25 年にわたるコンサルティング経験を持ち、現在は ABC マネジメントを利用した利益改善、ビジネス・プロセスの再設計、パフォーマンス測定を専門に行う。

◆ＡＢＣシステムは、原価計算システムというよりも、むしろ経営計画、予算統制に役立ち、経営管理システムと言うことができる。
◆事例研究の結果、アクティビティおよびビジネス・プロセス情報は、プロセスの改善・再構築、プロセス削減等に利用された。
◆コスト・ドライバー情報は、将来の業績改善の目標として利用されたり、また将来の製品設計、製品価格設定、顧客関係の管理にも役立った。
◆製品・顧客ごとのコストや収益性に関する情報は、どの製品ライン、顧客グループ、市場セグメントで販売費・管理費を加味した利益がどの箇所で出ており、どの箇所で損失になっているのかを明らかにし、各々の製品・顧客に関して従来では予測できなかった高コストの理由を指し示すことができた。そして、これらの情報を基に、製品ミックス、価格設定、顧客構成、プロセスの改善の意思決定が行われている企業も存在した。
◆ＡＢＣマネジメントを成功させるためには、分析プロセスでのプロジェクト管理のスキルと、意思決定・行動をとる際の組織的な変革プロセス管理のスキルが必要である。

著者プロフィール≫

ロナルド・M・オーム（Ronald M. Oehm）現在、KPMG ピート・マーウィック経営コンサルティング部門総責任者。

著者プロフィール≫

アイリーン・モリッシー（Eileen Morrissey）KPMG ピート・マーウィックを経て、現在、プライス・ウォーターハウス国内製造業経営コンサルティング部門シニア・マネジャー

8つの事例研究

1.ABC実施を決意したきっかけ
2.実施プロセスと必要経営資源
3.ABCから得られた成果と内容
4.結果をもとにとった企業の行動

ケース① 半導体製造業

第３章　アドバンスト・マイクロ・デバイス

ケース② フィルター材料製造業

第４章　ファラル

ケース③ 金属加工・販売業

第５章　ウイリアムス・ブラザーズ・メタル

ケース④ インク製造業

第６章　アーコ・アラスカ・インク

ケース⑤ ミラー製造業

第７章　モナーク・ミラー・ドア・カンパニー

ケース⑥ 株式ブローカー／ディーラー

第８章　スチュワード・アンド・カンパニー

ケース⑦ 自動車部品ディーラー

第９章　スレード・マニュファクチャリング：HAP

ケース⑧ 食品製造業

第１０章　クラフトUSA

ABCのまとめ

ケースから見たABCモデルの要約

第１１章　ABCモデルの分析

ABCモデルの陥りやすい過ちと問題点

第１２章　ABCプロジェクトの組織上の問題点

補稿 ABC導入の基本的なステップ

1. プロジェクトの範囲、時期、目的の決定
2. 事実の発見
3. プロジェクトチームの編成と作業計画策定
4. 研修の実施
5. アクティビティ関連情報の入手
6. アクティビティの付加価値をコード化
7. アクティビティセンターの設定
8. 労務関連の費用の階層化
9. 労務に関連しない費用の分類
10. コストドライバー情報の認識と入手
11. モデルの導入
12. モデルの運用と報告書の作成

『ABC マネジメント革命』目次　体系マップ

ABC の基礎

調査プロジェクトの発見事項の概要

第１章　概論

ABC 関連用語と概念の理解

第２章　ABC システム

財務の新たな意思決定方法の1つに関する研究

『決定版 リアル・オプション』

Real Options

戦略フレキシビリティと経営意思決定

トム・コープランド＋ウラジミール・アンティカロフ（著）

栃本 克之（監訳）
東洋経済新報社刊
本体価格　3,800円

Keyword
【キーワード】

① リアル・オプション
② 投資意思決定の評価
③ NPV（正味現在価値）

機能別分類

ゼネラルマネジメント	
論理的思考	
技術経営・アントレプレナーシップ	
ヒト（HR／組織行動）	
モノ（マーケティング）	
カネ（会計・財務）	◎
戦略	○

キャリア職位別分類

初級者	中級者（マネージャー）	上級者（シニアマネージャー）
△	△	◎

読み継がれている理由

従来、投資意思決定を評価する方法としては、正味現在価値（NPV）法が主流になっているが、NPV法は経営上の柔軟性を考慮しないため、投資機会を過小評価してしまうという欠陥がある。

また、通常のディシジョン・ツリー分析では、リスクを一定の率で仮定して算定するため、様々な経営判断が会社のキャッシュフローにどのような影響を与えるかについて、十分な検討ができないが、リアル・オプション分析では、将来の不確実性を加味し、経営判断に基づく将来のキャッシュフローの変化にも対応した形で投資の意思決定ができる。

実際の経営は、投資の途中で投資を延期したり、破棄したり、拡大や延期といったオプションを選択できるが、リアル・オプションにより、このような経営上の柔軟性を考慮して、投資を評価する方法が可能になる。そのため、本書は、経営者の日々の意思決定にどのようにリアル・オプション理論を活用するかを示すバイブルと言える。

原著『Real Options』（初版 2003 年）

要旨

オプション理論は、マートン、ブラック、ショールズらの研究により発展し、その後多数の実証論文が発表されているが、これらは難解な数学を必要とし、一般的な事業会社にはなじみにくいものであった。

しかし、その後のコンピュータ技術の発展により、マネジャー層が現実的で理解しやすいモデルを簡単に構築できるようになり、証券や市場取引が行われている石油、石炭などの原資産だけでなく、従来のNPVで分析できるプロジェクトであれば何でもリアル・オプション分析ができるようになった。

リアル・オプションとは、「あらかじめ決められた期間（行使期間）内に、あらかじめ決められたコスト（行使価格）で、何らかのアクション（延期、拡大、縮小、中止など）を行う権利（義務ではない）」のことをいう。

まず、単純なコールオプション（延期オプション）、単純なプットオプション（中止オプション・撤退オプション）、事業を拡大するオプション（拡張オプション）、縮小するオプション（縮小オプション）を解く数量的な手法を解説し、その後単純なオプションの組み合わせについて解説を行って

著者プロフィール≫

トム・コープランド（Tom Copeland）経営戦略論の世界的権威であるマイケル・ポーターを中心にハーバード・ビジネススクールの教授陣により1983年に創設された戦略コンサルティングを中核としたマネジメント・サービス集団モニターグループのコーポレート・ファイナンス担当マネージング・ディレクターとして、グループのファイナンス部門を統括する。世界34カ国で200社以上にコンサルティングを行った企業評価の権威。

いる。

　それをふまえて、より複雑で現実的なリアル・オプションについて解説を行っている。複雑で現実的なリアル・オプションとは、オプションの価値が他のオプションに依存しているコンパウンド・オプションと、操業の開始や中止、操業形態の変更、業界への参入や撤退などをその保有者に可能にするスイッチング・オプションである。また、1年あたりのステップが単一でなく複数あるオプションをモデル化することで、オプションの精度を上げる方法を解説している。さらに、リアル・オプションを導入する場合の4段階プロセスを説明し、現実のデータから不確実性を推計する方法や不確実性に個別対応してオプション評価をする方法を紹介している。

　事例を豊富に使用し、具体的適用例と問題の解決策が示されているため、リアル・オプションを企業に導入する経営者、実務担当者には必読の書といえる。

著者プロフィール≫

ウラジミール・アンティカロフ（Vladimir Antikarow）1992年にモニターグループに加わり、リアル・オプションを用いたコンサルティングを行っている。

重要なメッセージ

◆リアル・オプションとは、不確実な未来に対して、企業がとりうる戦略上の柔軟性（フレキシビリティ）をオプション理論で評価し、経営の意思決定を強力にサポートする画期的な手法である。

◆デューク大学のジョン・グラハム教授の最新レポートでは、米国の主要企業４０００社のうち、27％もの企業が重要な意思決定の際にリアル・オプションを導入したと回答した。

◆リアル・オプションの価値に影響を与える６つの変数とは、

①リスキーな原資産の価値

②行使価格

③行使期間

④リスキーな原資産の標準偏差

⑤オプションを保持している期間におけるリスクフリーレート

⑥原資産から払い出される配当

である。

◆リアル・オプションの価値が最大になるのは、
①将来の柔軟性が高い
②経営上の柔軟性が大きい
③柔軟性を考慮しないNPVがゼロに近い
場合である。

◆リアル・オプションを導入する際に、経るべきプロセスは、①DCF評価モデルによって、柔軟を考慮しない場合の現在価値を算出する→②イベント・ツリーを使用して、不確実性をモデル化する→③経営上の柔軟性を特定・反映させ、ディシジョン・ツリーを作成する→④リアル・オプション分析を行うという4段階である。

◆不確実性を統合するためのモンテカルロ・プロセスは、①期待フリーキャッシュフローを用いて現在価値を計算する→②変動する不確実性をモデル化する→③モンテカルロ・シミュレーションで現在価値の分布を求める→④イベント・ツリーを作成するという4段階である。

※イベント・ツリー：イベント・ツリー分析（Event Tree Analysis：ＥＴＡ）…初期のある事柄（イベント）からスタートし、最終的な事柄に発展していくプロセスを、枝分かれ式（ツリー状）に展開して解析する方法。特に、初期事象が発生する確率、ある事象から次の事象に分岐する確率を定量的に与えることにより、中間あるいは最終の事象がどの程度の確率で起こりうるかといった解析も可能になる。
※モンテカルロ・シミュレーション…不確実な値に乱数を発生させて何度もシミュレーションを行うというもの。ルーレットやサイコロなど、ランダムなイベントを扱う確率ゲームが見られるカジノで有名なモナコのモンテカルロからそう呼ばれるようになった。

リアルオプションの事例研究と考察

第Ⅱ部　オプション分析の応用

単純なオプション

第５章　単純オプションの数値化手法

- コールオプション（延期オプション）
- プットオプション（中止・撤退オプション）
- 拡大オプション（拡張オプション）
- 縮小オプション（縮小オプション）

より複雑で現実的な２種類のオプション

第６章　コンパウンド・オプションとスイッチング・オプション

２種類のオプション価値評価方法

第７章　１期間１ステップから複数ステップへ

リアル・オプションのプロセス

第８章　リアル・オプション評価のための４段階プロセス

複数の不確実性を統合するための分析（モンテカルロ分析）

第９章　ボラティリティの推計：統合的アプローチ

複数の不確実性要因をそれぞれ切り離すことが望ましい場合のリアル・オプション

第１０章　不確実性への個別対応

第Ⅲ部　事例と難解な問題の考察

複数の不確実性を取り扱うための異なる方法

第１１章　事例

より複雑な事例とゲーム理論、リアル・オプションの関係

第１２章　結びと課題

『決定版　リアル・オプション』目次　体系マップ

リアルオプションの基礎
リアルオプションによる分析と意思決定
第１部　導入部
リアル・オプションの概要
（定義と用語、実例）
第１章　リアル・オプションとは
マーケティング分野での
意思決定事例
第２章　チェンジ・プロセスーエアバス・
インダストリー社の事例
リアル・オプションの基礎
となる NPV の概要
第３章　正味現在価値（NPV）
従来の意思決定ツール
（NPV、デシジョン・ツリー）
との比較
第４章　正味現在価値（NPV）、
ディシジョン・ツリー、リアル・オプションの比較

財務の重要な概念である「リスク」に関する研究

『リスク 神々への反逆』(上・下)

AGAINST THE GODS, THE REMARKABLE STORY OF RISK

ピーター・バーンスタイン(著)

青山 護(訳)
日本経済新聞出版社刊(日経ビジネス人文庫)
本体価格　各714円

Keyword【キーワード】

① リスク
② ポートフォリオ
③ 不確実性
④ ゲーム理論

機能別分類

ゼネラルマネジメント	
論理的思考	
技術経営・アントレプレナーシップ	
ヒト(HR/組織行動)	
モノ(マーケティング)	
カネ(会計・財務)	◎
戦略	○

キャリア職位別分類

初級者	中級者(マネージャー)	上級者(シニアマネージャー)
△	△	◎

読み継がれている理由

リスクとは「不確実性」のことである。現代のビジネスでは、ますます不確実性が増大し、その不確実性を加味した意思決定が不可欠となる。将来に何が起こるかをしっかりと考え、代替案の中から特定の行為を選択する能力が、まさに現代ビジネスに求められていると言える。リスクをマネージすることによって、様々な意思決定に関して指針が与えられるのである。

本書は、リスクに対して人間がどのように挑戦してきたかを物語で示しており、その歴史を通じて、リスクの本質を語り、読者に未来をどのように展望したらよいかという示唆を与えている。リスクマネジメントの本質を学ぶ上で必読のバイブルと言える。

要旨

本書は、「未来を現代の統制下におくためには、どのようにするべきか」について、1200年から現代に至るまでの非凡な人々の考えを通じて語っ

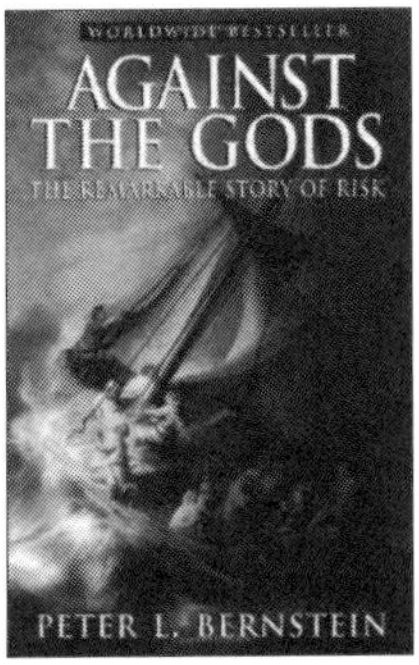

原著『AGAINST THE GODS, THE REMARKABLE STORY OF RISK』（初版 1996 年）

ている。
リスクの考え方の起源は、ヒンズー - アラビア式の数学システムに見受けられるが、本格的なリスクの研究はルネッサンスの頃に始まる。その後、現代までに、ルネッサンスの勝負師カルダーノ、幾何学者パスカル、弁護士フェルマ、ポール－ロワイヤルの修道士、ダニエル・ベルヌーイ、ヤコブ、ガウス、ベイズ、フォン・ノイマン、モルゲンシュテルン、ナイト、ブラック、ショールズ、ケネス・アロー、ハリー・マーコビッツといった英雄たちの計量的な側面での功績がリスクの概念を発展させていった。

彼らはみなリスクの認識を変えることで、損失の可能性を利益機会へ、また運命と神による原構想を洗練された確率に基づく将来の予測へと変えた。また、手も足も出ない無力な状態を選択可能な状態へと変えた。

本書で展開される物語は、最善の意思決定が定量的手法と数学に裏づけられ、「過去のパターンに依存すると考える人々」と「意思決定を不確実な将来に関するより主観的な信念の程度に基づいて行う人々」という2つの対立する考えを持つ人々の緊張関係で語られている。

歴史的な論争の中で、確率、平均への回帰、分散投資といったリスクマネ

著者プロフィール≫

ピーター・バーンスタイン（Peter L. Bernstein）
1919年生まれ。1940年ハーバード大学卒業。在学中、レオンチェフなどの教えを受け、ハイルブローナーと最優等を競う。ニューヨーク連銀、ニューヨーク共同銀行などを経て投資顧問会社バーンスタイン・マーコレーに勤務、1965年同社代表。1973年ピーター・L・バーンスタイン社を起こし、コンサルティング活動を続ける。世界各地で講演経験を持ち、著作も多数。2009年死去

ジメントは無用であるとの意見があった。果たして、それは本当なのであろうか。答えは有用である。「人類は客観的に存在する世界の秩序を規定する法則の完全な知識を享受していない」と著者は主張している。つまり、将来に関するデータを完全に入手できないことによって、不合理な行動が起こってしまうのである。

著者が言うリスク管理の本質は、「ある程度結果を制御できる領域を最大化する一方で、結果に対してまったく制御が及ばず、結果と原因の関係が定かでない領域を最小化することにある」というところにある。つまり、現実の行動においても確率（リスク）を考慮して行動すべきであるということを意味し、ビジネスを含む人間の活動にとって手引きとなることを説いている。

重要なメッセージ

◆サイコロの出た目の総数の半分は等しくなる。よってサイコロを3回投げればどの得点が得られる可能性も平等となる。なぜなら「サーキット」の総数は6であるから、3通りの得点の可能性があれば、1回のサイコロ投げでそのうちの1つの得点が得られる。よって賭け金もこの平等性に基づくべきである。

◆2人の子供を持つ場合、男の子と女の子が生まれる結果は4つである。「2人とも男の子」「2人とも女の子」「男が先で女が後（男の子と女の子1人ずつ）」「女が先で男が後（男の子と女の子1人ずつ）」である。よって1人の男の子が生まれる可能性は3／4であり、子供が2人いる家庭では、少なくとも1人が男の子である確率は75％であり、男の子、女の子ともに1人ずつである確率は50％である。

◆3000の白い小石と2000の黒い小石の入った壺から小石を取り出す作業を2万5500回行えば、実際の比率である3対2からの誤差が、2％以内になる。

◆1つのサイコロを何回も振る場合、その平均は3・5になる。2つのサイコロを何度も振る場合は、その平均は2倍の7になる。平均である7から上限である12と下限である2に向かって数値が離れるほど、その相対度数は減少する。

◆紅茶よりコーヒーを好むが、ミルクよりは紅茶を好む人に、「紅茶とミルクが半々の確率で入っているコップより、１杯のコーヒーを好みますか」と質問すれば、コーヒーの方を好むはずである。しかし、コーヒーや紅茶よりもミルクを好むが、紅茶よりはコーヒーを好むと選考の順序を変えた場合同じ質問をすれば、どちらを選択するかは、最初のときより明確ではない。
◆12の市場の月次標準偏差の単純平均値は10・０％であるのに、分散化ポートフォリオの実際の標準偏差は４・７％となり、分散投資は実に有効であることがわかる。
◆高雇用・高インフレ政策と低雇用・低インフレ政策のどちらを選択するかという調査を行う。失業率を10％や５％という枠組みで選択を設定した場合、人々は高インフレ率を受け入れ、失業率を抑える選択をする傾向がある。また雇用率が90％と95％との間での選択では、雇用率を５％上げるより低インフレの方を受け入れるという結果になった。
◆もしマイクロソフトの株が１００ドルに上昇し、オプションの買い手がオプションの売り手から90ドルで買うことができる権利を行使したら、オプションの売り手は10ポイント損をするが、マイクロソフト株が83ドルにとどまっていたなら、オプションの売り手は４・５ドルのプレミアムを享受できる。

曖昧性の塊りと正確性の追求 → **未来へ不確実性の追求**

1700～1900年

「富の増加から得られる効用は、それ以前にその人が保有していた財の量に反比例する」ベルヌーイの見解

第6章
人間の本質についての考察

情報利用と確率の応用をめぐる一連の進歩

第7章
事実上の確実性を求めて

リスクの計量化に不可欠な正規分布、標準偏差

第8章　非合理の超法則

ロールトンの「平均への回帰」の提示

第9章
壊れた脳を持つ男

「平均への回帰」は1つの道具に過ぎないという柔軟を持つことの必要性

第10章
サヤエンドウと危険

効用の考え方の導入

第11章　至福の構造

1900～1960年

結果には必ず原因があるが、人間の原因把握力のなさが偶然性を呼ぶ

第12章
無知についての尺度

不確実性を重視したナイトとケインズ

第13章
根本的に異なる概念

ゲーム理論と経済行動

第14章
カロリー以外はすべて計測した男

マーコビッツの「ポートフォリオ選択」による投資管理の変革

第15章
とある株式仲介人の
不思議なケース

未来へ不確実性の追求

同一問題の異なる状況下での矛盾した選択（不変性の失敗）の研究

第16章　不変性の失敗

合理的行動の概念に従わない人々の行為を理解しようとする理論自警団

第17章　理論自警団

リスクマネジメントとしてのデリバティブ（先物・オプション）

第18章
別の賭けの素晴らしい仕組み

将来の予測ができなかったのは、情報の不足が原因であり確率、平均への回帰、分散投資などが無用なわけではない

第19章
野生の待ち伏せ

『リスク　神々への反逆』（上・下）目次　体系マップ

始まり → **数々の注目すべき事実** → **限りなき計測**

始まり

1200年以前

- リスクの考えが登場する前の偶然の支配するゲーム
  第1章
  ギリシャの風とサイコロの役割
- リスクの概念が登場する前の新しい数字体系の発展
  第2章
  I、II、IIIと同じくらい簡単

数々の注目すべき事実

1200～1700年

- カルダーノによる確率の統計的法則の発見
  第3章
  ルネッサンスの賭博師
- パスカル、フェルマの確率論への貢献
  第4章
  フレンチ・コネクション
- サンプリングによる統計的手法の発展と保険業の発展
  第5章
  驚くべき人物の驚くべき考え

限りなき計測

※第1章～第9章 ………上巻
　第10章～第19章……下巻

第7章

戦略

ポーター『新訂 競争の戦略』 ／ ポーター『競争優位の戦略』

バーニー『企業戦略論』（上・中・下）

ハメル&プラハラード『コア・コンピタンス経営』

野中郁次郎&竹内弘高『知識創造企業』

ネイルバフ&ブランデンバーガー『ゲーム理論で勝つ経営』

コリンズ&ポラス『ビジョナリー・カンパニー』

キャプラン&ノートン『キャプランとノートンの戦略バランスト・スコアカード』

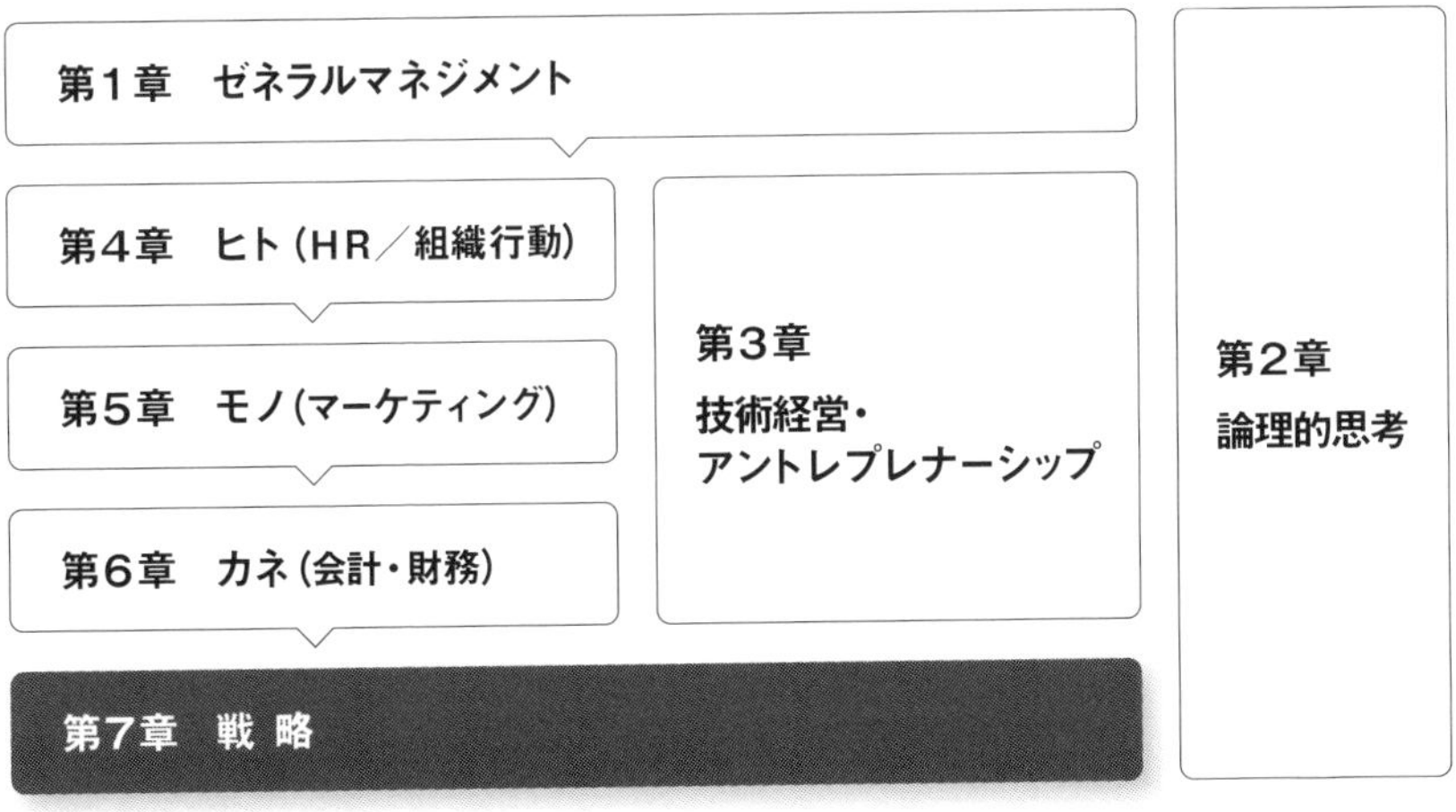

戦略領域（競争戦略）全般の体系書

『新訂 競争の戦略』

COMPETITIVE STRATEGY

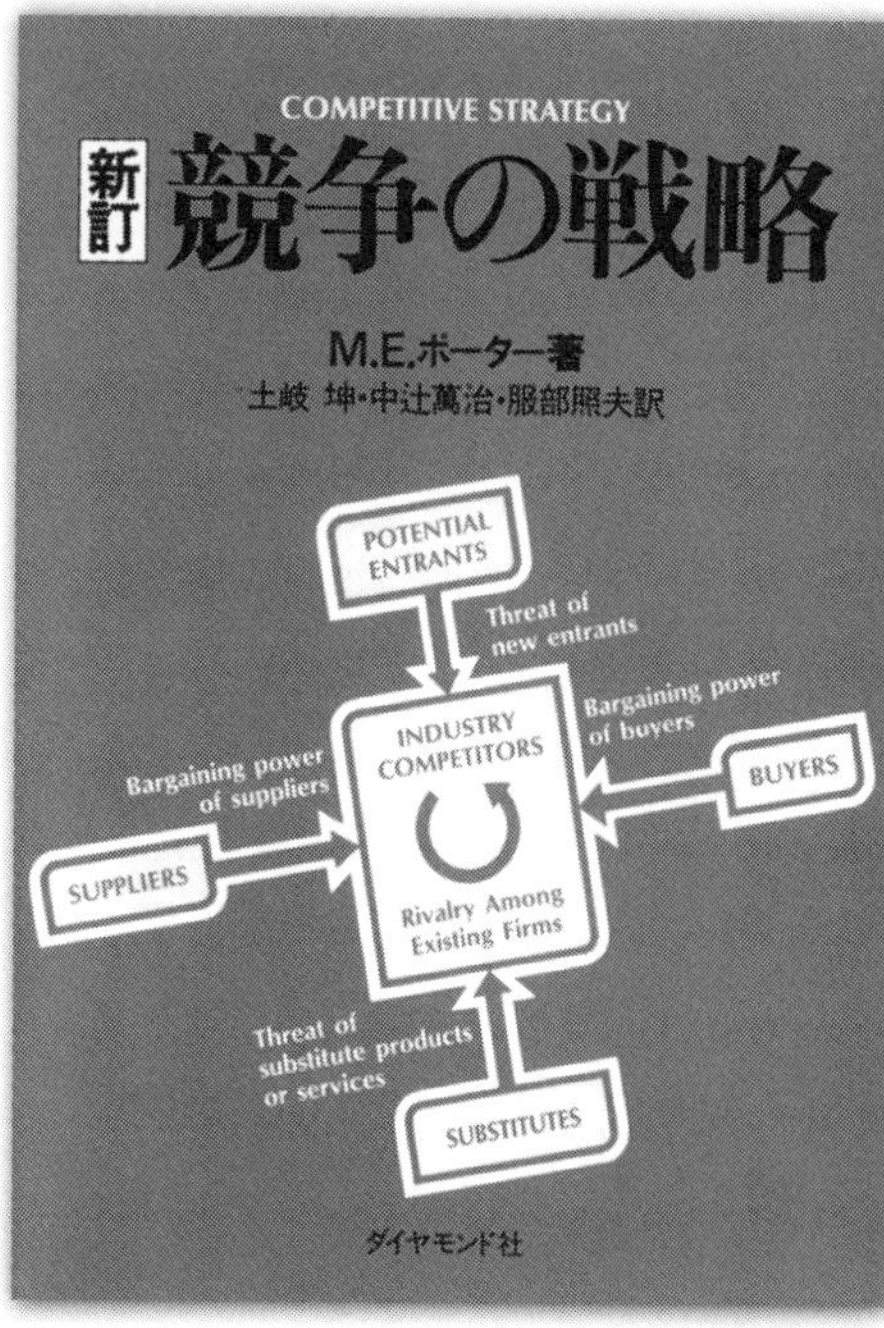

M.E.ポーター（著）

土岐 坤＋中辻 萬治＋服部 照夫（訳）
ダイヤモンド社刊
本体価格　5,631円

Keyword【キーワード】

① ファイブフォース分析
② コスト・リーダーシップ戦略
③ 差別化戦略
④ 集中戦略

機能別分類

ゼネラルマネジメント	
論理的思考	
技術経営・アントレプレナーシップ	○
ヒト（HR／組織行動）	
モノ（マーケティング）	
カネ（会計・財務）	
戦略	◎

キャリア職位別分類

初級者	中級者（マネージャー）	上級者（シニアマネージャー）
△	◎	○

読み継がれている理由

企業が考えるべきことは、大きく「戦略」（設計）と「戦術」（運用）に大別されるが、誤解されやすいのは両者の関係である。

設計と運用は両方とも重要であるが、あえて言えば、正しい設計は「必要条件」で、正しい運用は「十分条件」と言える。本書はその「必要条件」である「戦略」（設計）部分の骨組みを体系的に掘り下げて展開した力作である。

実際、企業の現場では、従業員の能力のバラツキが見られるため、あえて考えさせずに行動に移しやすい具体的なマニュアル化を促進することも多いと言えるが、基本的な能力が要求されるマネジメント層は戦略の体系を完全に理解し、その上で具体的な戦術と言える現場の施策を考え、指示ができることはマネジャーとしての大前提となる。戦略あっての戦術であることを忘れると、応用ができずマニュアル対応的な動きしかとれなくなる。

本書の以前にも、ミンツバーグの著書など、戦略の大家とされる人物の名著が存在したものの、ポーターほど戦略を経済学の世界で描き、「超」具体

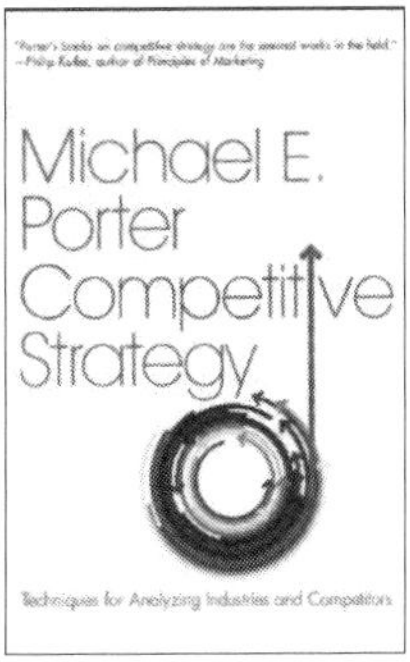

原著『COMPETITIVE STRATEGY』（初版 1980 年）

的とも言える緻密な分析と詳細事項を含んだ戦略体系を確立した人物はいなかったと言われる。

本書はポーターの処女作でありながら、世界19カ国語で翻訳され、実践編（続編）と言える『競争優位の戦略』とともに経営学の最高峰に君臨するバイブルとされている。

なお、2001年には一橋大学大学院国際企業戦略研究科が「ポーター賞」を創設。製品・プロセス・経営手法においてイノベーションを起こし、同時に独自性がある戦略を実行し、その結果として業界において高い収益性を達成・維持している企業及び事業を毎年表彰している。

要旨

本書は競争戦略策定のステップを大きく、

①業界の構造分析
②基本戦略の確定
③競争業者と業界内部の詳細分析

著者プロフィール≫

マイケル・E・ポーター（Michael E. Porter）
1947年生まれ。ミシガン州アーナバー出身。プリンストン大学工学部航空機械工学科卒業。ハーバード大学ビジネス・スクール修士課程修了。1973年以来ハーバード大学ビジネス・スクールで教鞭をとり、1982年に同校史上最も若くして正教授となる。多数の企業の経営戦略アドバイザーも務めている。主要著書に『競争の戦略』『競争優位の戦略』『競争戦略論Ⅰ、Ⅱ』、『国の競争優位』などがある。

④自社の状況にあった競争戦略の策定

という4つに分けて構成している。

競争戦略策定の最初のステップである業界の構造分析では、

①業界内の既存の競合

②新規参入の脅威

③代替品の脅威

④売り手の交渉力

⑤買い手の交渉力

といった業界の収益性に影響を与える5つの競争要因を分析（ファイブフォース分析）し、その中から最大の要因となる第一決定要因を見つけ、それを見据えた競争戦略を検討する。

2番目のステップである基本戦略では、限られたリソースを最大限活用して競合に打ち勝つため、「コストリーダーシップ戦略」「差別化戦略」「集中戦略」という3つの基本戦略パターンのどれを自社では採用し、競争優位を築くべきか決定する。この基本戦略は、縦軸にセグメントの広さ、横軸にコスト優位または差別化という2軸で検討する。一部の大企業を除き、ほとんん

ファイブフォース分析

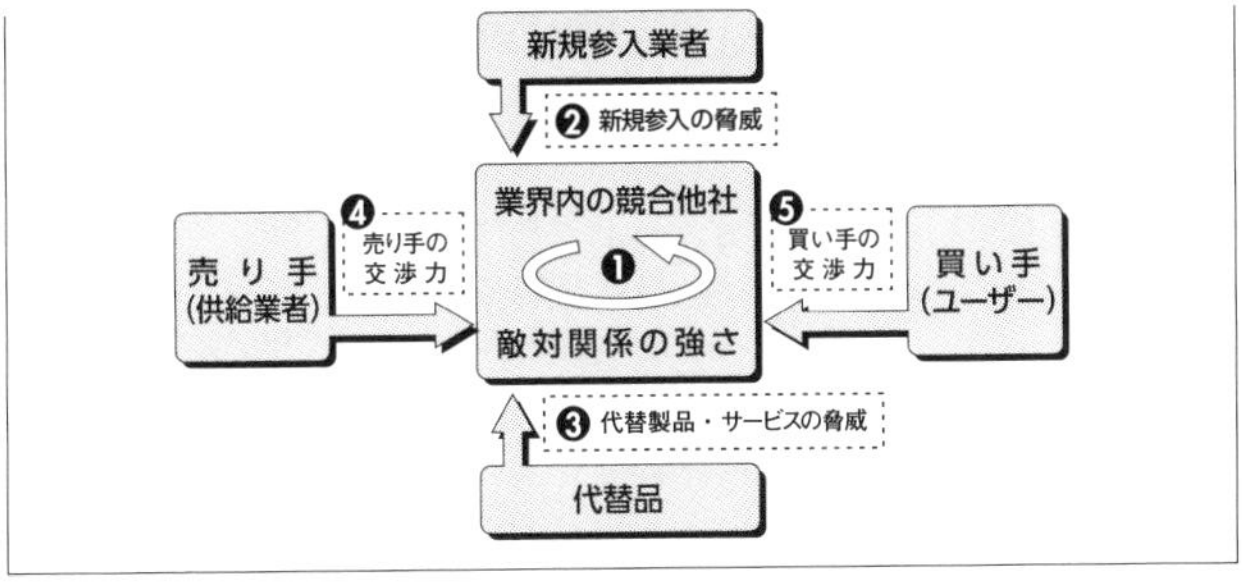

どの企業は特定の絞り込まれたセグメントに対して、コスト優位か差別化を発展させる「集中戦略」を採ることになる。また、コスト優位はあくまで「コスト」優位であり、「価格」優位ではないことを肝に銘じておくべきである。つまり、どこよりも低コストで製品・サービスを提供できる体制があることが源泉となって初めて、低価格でも利益が出る仕組みを作ることができるのである。コスト構造を変えずに「低価格」で提供し、これまでの「2倍売って利益を増やそう」というのは愚策に過ぎず、ほとんどの企業で失敗を犯している。

3番目のステップでは、競争業者について詳細に分析する。まず潜在的な競争相手を含めて競争業者が誰であるのかを明確にした後、競争業者の、

①将来の目標
②仮説
③現在の戦略
④能力

を分析することで、攻撃的な動き（現在の地位の満足度合い、予想される動き）を予測し、防衛能力（弱点、挑発、対抗行動の効果）を理解する。

ポーターの3つの基本戦略

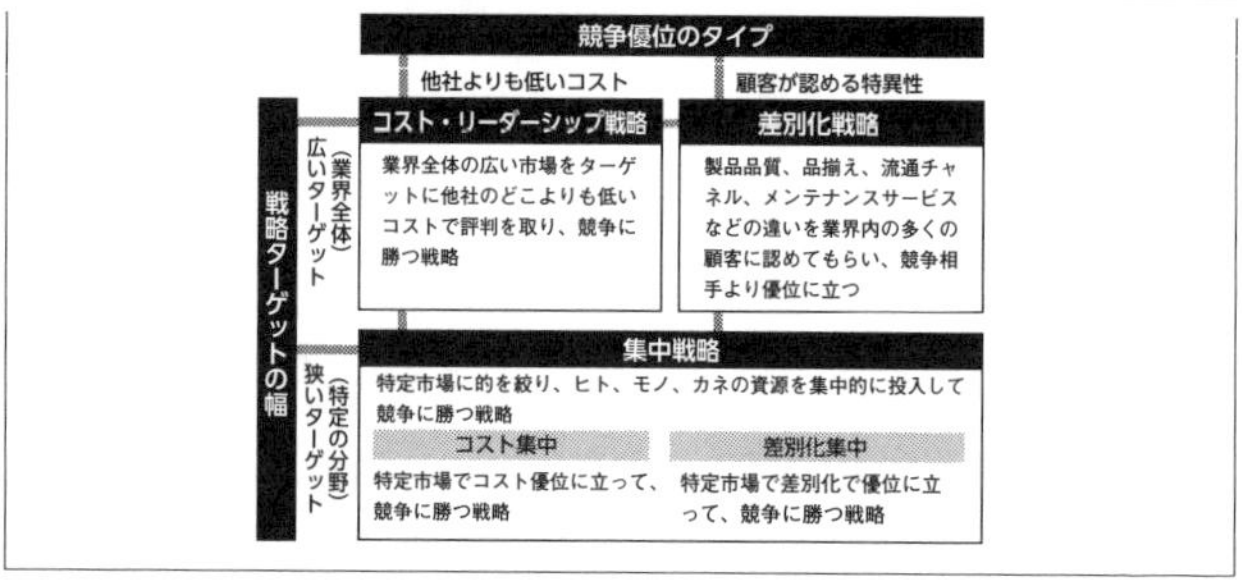

買い手の選定も競争戦略の重要な一部分であり、

①買い手の購入ニーズとそれに応える自社の能力

②買い手の成長力

③買い手の地位

④買い手との取引コスト

をしっかりと把握しなければならない。

また売り手の選定も買い手の選定と同様重要である。自社にとって好ましい売り手を見つけるには、

①供給企業群の競争力の把握

②垂直統合度の最適水準を割り出す

③数社の有力な供給企業への発注量を配分し、選択した供給企業に対する強力な交渉力を行使する

といった視点が重要になる、という。

また、業界全体の分析に加え、自社に合致した、もっと細分化した業界内の分析も重要である、という。最後のステップは、具体的な戦略分析を検討するために、業界環境別および個別戦略別の採り得る代表的な戦略の着眼点

を考える。

本書では、特に業界環境別では、多数乱戦業界、先端業界、成熟業界、衰退業界、グローバル業界の5つ、個別戦略については「垂直統合」、「キャパシティ拡大」、「新規事業への参入」の3つについてページを割いている。

重要なメッセージ

◆新規参入の脅威の影響度は、参入障壁の高さがどの程度かに依存しているが、参入障壁には、規模の経済性、製品差別化、巨額の投資、仕入先を変えるコスト、流通チャネルの確保、規模とは無関係なコスト面での不利、政府の政策などがある。
◆窮地に立った企業は、3つの基本戦略のうち、1つにおいてさえ戦略が作れない企業である。
◆競争業者は行動を通じて企業の意図、動機、目標、社内状況といったマーケット・シグナルを出しており、それらを正確に把握することが、競争業者分析と戦略策定に有効である。たとえばIBMは、新製品の発売準備が整っていないうちから新製品の発売を予告し、それによって買い手に競争業者の製品を買わせないようにした。このように買い手に自社の新製品の発売を待つようにさせるというのもシグナルである。

◆基本戦略を決めた上で、検討されるべき具体的な戦略のタイプは、垂直統合、キャパシティ拡大、新規参入の３つに分けられる。

◆新規参入の際は、「不均衡状態にある業界」「既存企業の反撃が遅いか、効果的な反撃がないと思われる業界」「他社に比べて参入コストが少なくてすむ業界」「自社の力によって業界構造を変えることができる業界」「参入によって自社の既存事業にプラスの効果が生じる業界」を狙うべきである。

具体例

→ **個別の競争戦略策定**

④業界内部の構造分析

⑤業界の変化（予測と対応）

7章　業界内部の構造分析
8章　業界の進展・変化

業界別の戦略

- **①業界内の競争**
  - **②多数乱戦業界**
    9章　多数乱戦業界の競争戦略
  - **②-1. 先端業界**
    2. 成熟業界
    3. 衰退業界
    10章　先端業界の競争戦略
    11章　成熟期へ移行する業界の競争戦略
    12章　衰退業界の競争戦略
  - **③グローバル業界**
    13章　グローバル業界の競争戦略

主要な戦略オプション

- **戦略の勘所**
  - **①垂直統合**
    14章　垂直統合の戦略的分析
  - **②大きなキャパシティ拡大**
    15章　キャパシティ拡大戦略
  - **③新規参入**
    16章　新事業の参入戦略

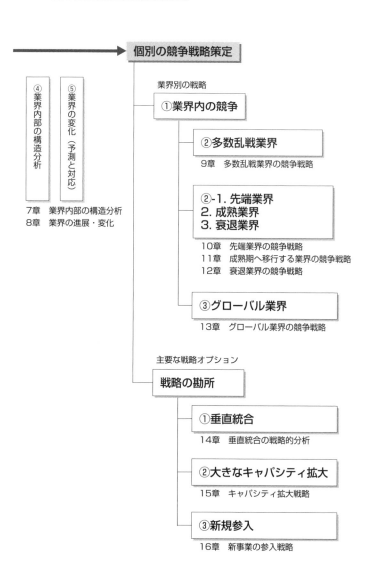

『新訂　競争の戦略』目次　体系マップ

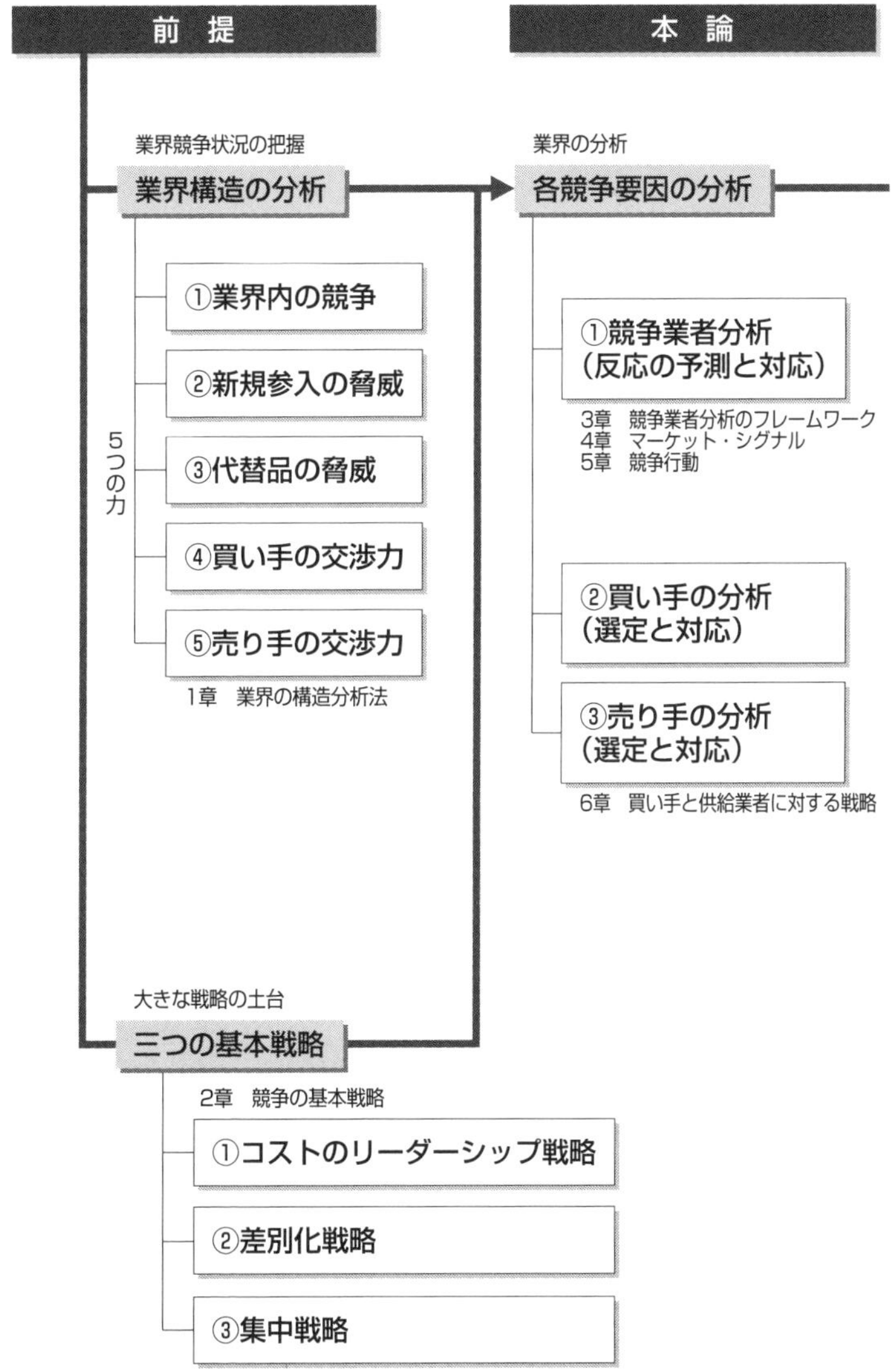

戦略領域（競争戦略）全般の体系書の続編

『競争優位の戦略』

COMPETITIVE ADVANTAGE

——いかに高業績を維持させるか——

M.E.ポーター（著）

土岐 坤＋中辻 萬治＋小野寺 武夫（訳）
ダイヤモンド社刊
本体価格　7,800円

Keyword【キーワード】

① 価値連鎖（バリューチェーン）
② 主要活動
③ 支援活動
④ 経営戦略

機能別分類

ゼネラルマネジメント	
論理的思考	
技術経営・アントレプレナーシップ	○
ヒト（HR／組織行動）	
モノ（マーケティング）	
カネ（会計・財務）	
戦略	◎

キャリア職位別分類

初級者	中級者（マネージャー）	上級者（シニアマネージャー）
△	◎	○

読み継がれている理由

本書は、マイケル・E・ポーター著『競争の戦略』の続編である。『競争の戦略』では業界と競争相手を分析するフレームワークと競争優位を確保するための3つの基本戦略（コスト・リーダーシップ戦略、差別化戦略、集中戦略）をベースに、体系的な戦い方のルールについて述べられているが、本書『競争優位の戦略』はその3つの戦略を具体的に自社内部でどのように実践すればよいか、その方法について書かれている。

つまり、どうすれば持続力のあるコスト優位を確保できるか、どうすれば競争相手から自社を差別化できるか、どうすれば集中戦略から競争優位が生まれるようなセグメントを確保できるかという問いに答えるための本である。そして関連する業界の中で戦略の調整をすることによって、いつ、どのようにして競争優位が確保できるか、自社の競争上の地位をどのように防衛するかという問いに答えるものである。

本書の中では、「バリューチェーン（価値連鎖）」というポーターが編み出した有名なフレームワークを用いて、競争優位の源泉の作り方を説明してい

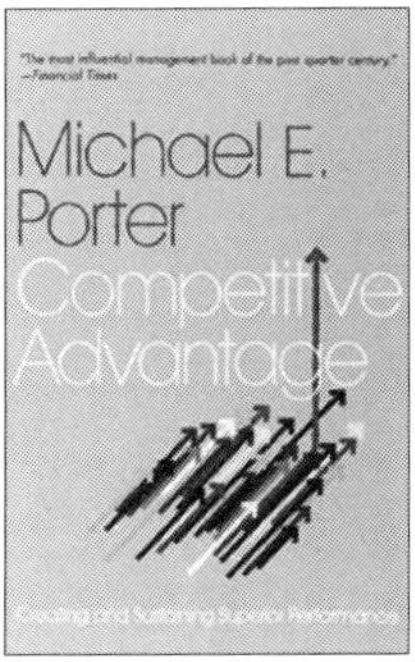

原著『COMPETITIVE ADVANTAGE』（初版1985年）

る。『競争の戦略』同様、精緻な分析を通して構築された膨大な量の戦略体系と、それぞれの記述に含まれる徹底的に分解された緻密な分析内容は、ポーターならではの具体性と奥深さを物語っている名著中の名著と言える。

要旨

本書は、『競争の戦略』で明らかにした考え方を出発点に、現実的にどのように競争優位を作り出し、それを持続させるかを考察する。

その中心と言えるのが、競争優位を分析しそれを強化する方法を探索するための手段として紹介される価値連鎖（バリューチェーン）である。価値連鎖は、競争優位を生み出す源泉がどういう構造になっているかを示せるように、活動を9つの価値創造活動に分解されている。どの部分で競争優位を見出せるかを分析する9つの価値創造活動は、5つの主要活動（①購買物流、②製造、③出荷物流、④販売とマーケティング、⑤サービス）と、4つの支援活動（①調達活動、②技術開発、③人事・労務管理、④全般管理（インフラ））に分類できる。

著者プロフィール≫

マイケル・E・ポーター（Michael E. Porter）前掲『競争の戦略』の項参照。

価値連鎖で注視すべきは、
①価値連鎖内部の連結関係
②垂直の連結関係（自社の価値連鎖と供給業者や流通チャネルの価値連鎖との相互関係）
③買い手の価値連鎖
である。

競争優位を作るための第1の方策であるコスト優位を作る方法は、各価値活動に対して運用コストと資産を配分し、コスト・ビヘイビア（営業量・操業度の変化に応じて、コストがどのように変化するのか）を分析する。競争相手よりもコスト優位に立つためには、競争相手の価値連鎖を知り、その企業のコストより低く抑える源泉を明確にすることである。そしてコスト優位を確保するためには、「コスト推進要因をコントロールする」、「価値連鎖を再編成する」という2つの方法がある。

競争優位を作るためのもう1つの方策である差別化も価値連鎖を利用して、どの部分が差別化の源泉になるかを分析することができる。差別化を作り上げる上で決定的に重要なのは買い手の価値連鎖であり、買い手のコストを下

価値連鎖

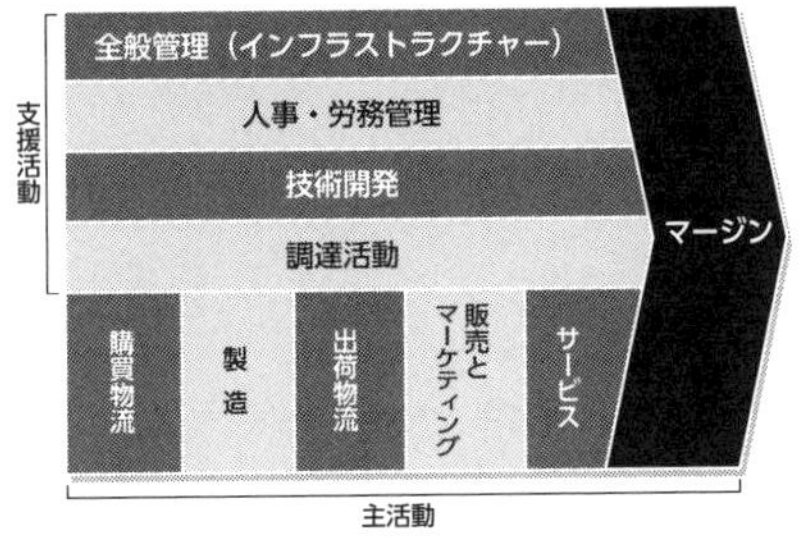

げるか、買い手の実績を挙げることによって買い手のために価値を創造することが差別化にとって最重要である。

一方、集中戦略で選別するセグメントは業界内において、買い手のニーズとコスト・ビヘイビアの異なる部分である。業界内の競争分野とそれが競争優位とどのような関係を持つかも考える必要がある、としている。

後半では、全社戦略と事業戦略の関係、不確実性への対応など、具体的な場面を設定して、その膨大な情報量を含む戦略体系の実行性をシミュレーションしている。

重要なメッセージ

◆航空輸送業界で競争しているピープル・エキスプレス社とユナイテッド航空は、搭乗ゲートでの顧客の扱い、乗務員政策、航空機運行で相違が見られ、それぞれの価値連鎖は異なる。

◆コスト優位を確保するには、「コスト推進要因のコントロール」「価値連鎖の再編成」の2つの方法がある。コスト推進要因のコントロールは、具体的には規模・習熟・キャパシティ利用の効果・連結関係・相互関係・統合・タイミング・ポリシー・立地・制度要因をコントロールすることである。価値連鎖の再編成は、具体的には生産工程を変える、オートメーションを変える、間接販売から直接販売に変える、原材料を新しくする、新しい広告媒体を利用するなどがある。

◆差別化の質を高めるには、「現在の価値活動の行い方をより特異にする」「特異性が向上するよう価値連鎖を再編成する」という2つの方法がある。

◆技術は、競争優位をつくるための強力な要因で、コスト優位、差別化のどちらの戦略においても大きな役割を持つ。

◆その技術の役割を分析するフレームワークも価値連鎖である。競争優位を構築するため企業は技術戦略を立案するが、そこでの意思決定は、「どんな技術を開発すべきか」「その技術分野において技術リーダーシップを追求すべきかどうか」「技術供与の役割」という課題に答えを出すことである。

◆リーダー攻略法は、大きく分けて①価値連鎖の再編成、②競争分野の幅の再定義、③支出の単純増加という3つの方法がある。

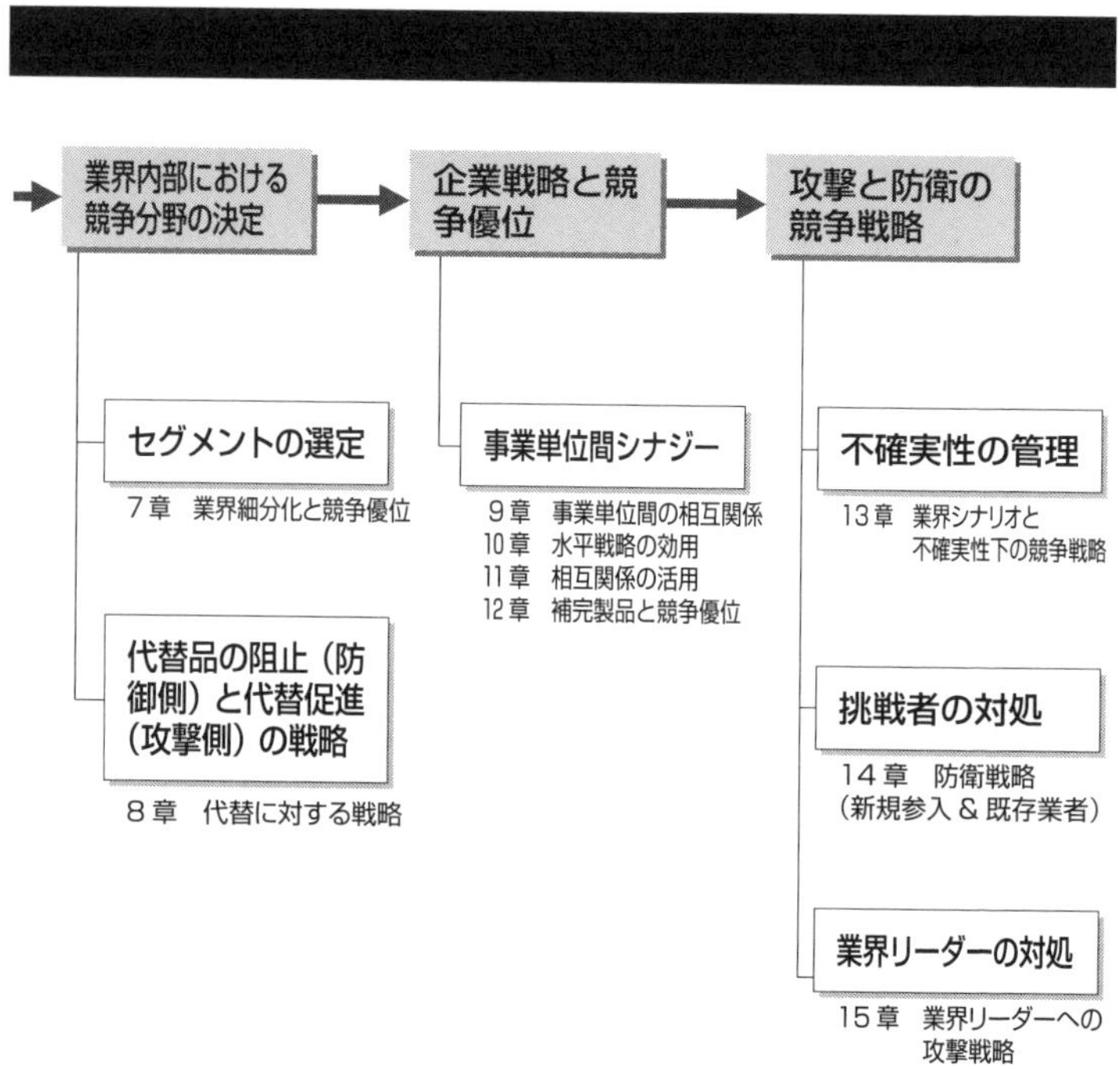
業界内部における競争分野の決定
企業戦略と競争優位
攻撃と防衛の競争戦略
セグメントの選定
7章　業界細分化と競争優位
代替品の阻止（防御側）と代替促進（攻撃側）の戦略
8章　代替に対する戦略
事業単位間シナジー
9章　事業単位間の相互関係
10章　水平戦略の効用
11章　相互関係の活用
12章　補完製品と競争優位
不確実性の管理
13章　業界シナリオと不確実性下の競争戦略
挑戦者の対処
14章　防衛戦略（新規参入＆既存業者）
業界リーダーの対処
15章　業界リーダーへの攻撃戦略

『競争優位の戦略』目次　体系マップ

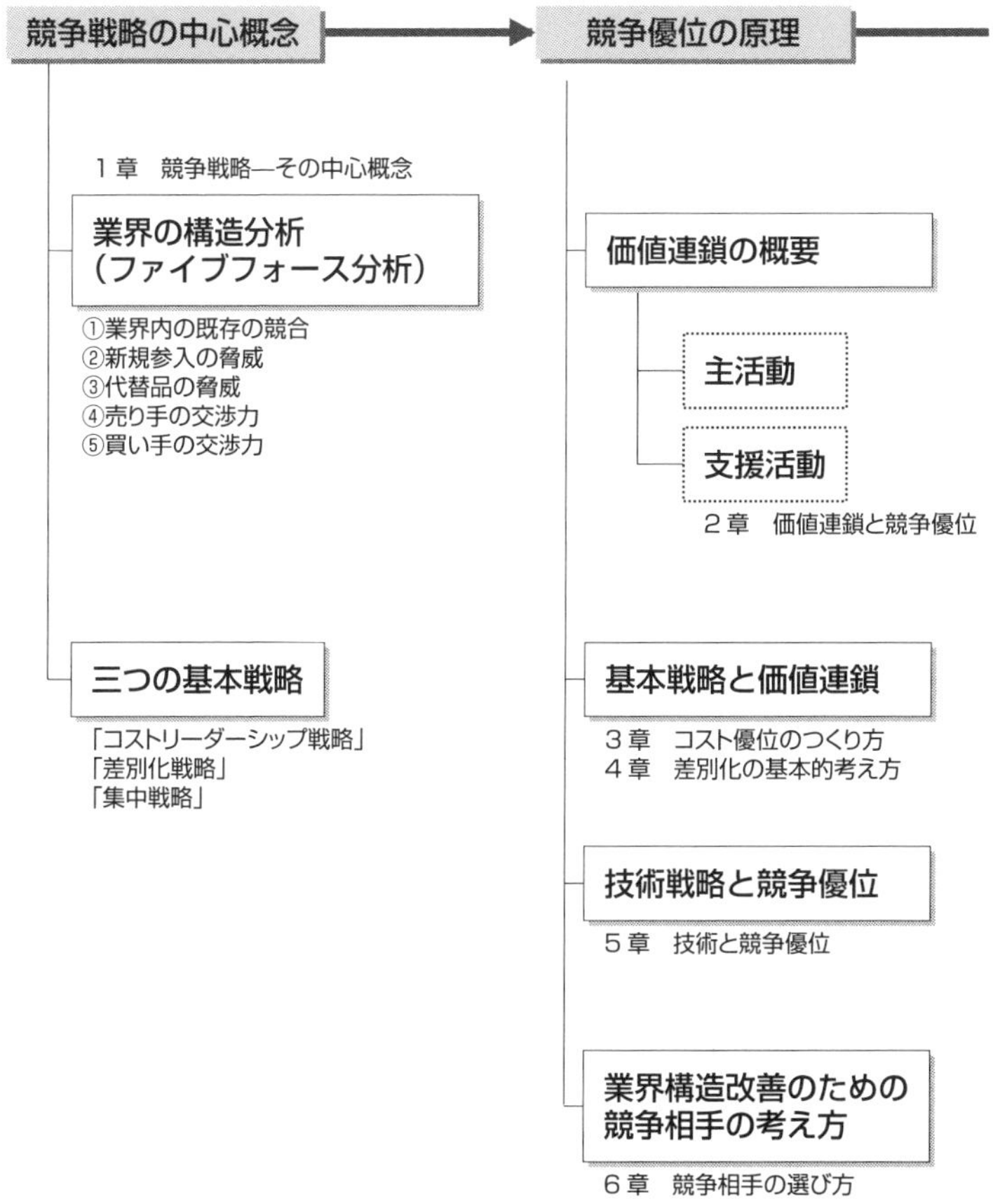

競争戦略を中心とした戦略論に、ＲＢＶの概念を統合した初のテキスト

『企業戦略論』（上：基本編、中：事業戦略編、下：競争優位の構築と持続）

Gaining and Sustaining Competitive Advantage

ジェイ・B・バーニー（著）

岡田 正大（訳）
ダイヤモンド社刊
本体価格　各 2,400円

Keyword【キーワード】

① ケイパビリティ論
② リソースベーストビュー（RBV）
③ 競争優位性

機能別分類

ゼネラルマネジメント	
論理的思考	
技術経営・アントレプレナーシップ	
ヒト（HR／組織行動）	
モノ（マーケティング）	
カネ（会計・財務）	
戦略	◎

キャリア職位別分類

初級者	中級者（マネージャー）	上級者（シニアマネージャー）
		◎

読み継がれている理由

産業構造分析（業界の競争状態によって事業の成功が左右される）を中心として組み立てられた戦略理論体系（ポーター）に対し、より企業内部のリソースに事業の成否を見出したのが、本書の著者バーニーらによる経営資源分析を中心とした「リソース・ベースト・ビュー」（RBV）である。この2つは現代の戦略の2大潮流として必読のバイブルである。

要旨

よく勘違いされているのは、ポーターのような競争戦略は自社以外の外部（競争環境、競合）しか見ておらず、バーニーをはじめとする経営資源に基づく戦略（RBV）では自社資源しか注目していない、という指摘である。

実際は、まったく異なる。およそ企業において戦略などの意思決定をする際に必要な情報（前提条件）は共通であり、当然「市場（趨勢と見通し）」も、「競合（現状と戦略）」も、「自社の状況（能力、資産、戦略的な連携な

原　著『Gaining and Sustaining Competitive Advantage』（初版2002年）

ど）」も必要になる。つまり、競合だけ見ていても自社にその競合に勝つためのリソースがなければ勝てないのと同様、いくら自社にある事業を実施するリソースがあっても、競合が自社よりも上手く経営すれば事業は失敗することになる。

ポイントは、戦略を決定し、実行していく上で検討する起点を「外部の産業構造」に求めるか、「自社リソース」に求めるか、という点に過ぎないが、それぞれ起点としている部分に関しては、当然ながら掘り下げた分析がされている。

外部の産業構造を起点とする理由としては、「そもそも事業を行う市場を選択する時点で誤っていると、いくら上手く経営しても利益も出ないし、成長もしない」から、ということだ。一方、自社のリソースを起点とする理由としては、「いくら良い市場を見つけても、その市場で上手く経営ができるリソースがないと絵に描いた餅で終わる」ということだ。どちらも正論だが、どちらかひとつではなく、両方の視点が必須であることは間違いない。

その意味で言えば、周りが安易に騒いでいるように、「ポーターは自社リソースを無視している」「バーニーは設計よりも運用（実現可能性）に偏っ

著者プロフィール≫

ジェイ・B・バーニー（Jay B. Burney）オハイオ州立大学フィッシャー・ビジネススクール教授。アメリカ経営戦略領域におけるリソース・ベースト・ビュー発展の原動力となった戦略理論家。1996 年にはアメリカ経営学会の経営政策・戦略部会会長を務めた。経営学におけるトップジャーナルとされる AMR、AMJ、AME、SMJ、Management Science 等に 50 を超える掲載論文を持ち、ヒューレット・パッカード、テキサス・インスツルメンツ、アルコを含む 20 以上の企業で戦略コンサルティングを行っている。

ている」という指摘はどちらも当たっていない。

ポーターもリソースの分析に関しては、『競争の戦略』ではなく、その続編である『競争優位の戦略』において、〝超〟具体的と言えるほど掘り下げたバリューチェーンの活動1つひとつに焦点を当てて分析しているし、バーニーも市場の選択や対応について考えを放棄しているわけではない。あくまでポーターなどの理論を前提として、垂直統合やコストリーダーシップ、多角化戦略といった個別戦略について、中巻および下巻で議論をしている。ただ、間違いないのは、それぞれの掘り下げる起点の違いにより、「補完」しているということだ。

自社リソースについては、VRIO（後述）のように「持続可能な競争優位の源泉≒簡単に模倣されたり消えたりしない」という点に注目して、リソース強化の前提となるフレームワークを提供しているなど、ポーターの言う自社や競合のバリューチェーンを分析する際においても真の強みや弱みの判定にさらなる視点を与える。

重要なメッセージ

◆持続可能な競争優位性はその企業に希少で模倣が困難な経営資源の存在で決まる

競争優位とは、その企業の行動が経済価値を生んでおり、かつ同様の行動を取っている競合企業がほとんど存在しない場合を言う。そのためには希少な経営資源を持っているか、模倣が困難な経営資源に基づいた事業を運営することだ。経営資源には、〝タンジブル（目に見える）〟な資産のみならず、技術力、ブランド、特殊な専門能力や組織文化などの〝インタンジブル（目に見えない）〟な資産も含む。それらが希少または模倣が困難でない場合は遅かれ早かれその優位性は消えてしまうとしている。実際は、企業の持つ経営資源を①V＝Value（価値）、②R＝Rareness（希少性）、③I＝Imitability（模倣可能性）、④O＝Organization（組織）、つまりVRIOという4つの視点から企業の競争優位性が「持続可能かどうか？（≒真の競争優位）」を分析する。

◆すべての戦略論も、最終的には内部資源の評価で決める！

VRIO フレームワーク

VRIO	質問
V＝Value（価値）	自社の持つ経営資源やケイパビリティ（能力）は外部環境の機会や脅威に適応できるか？
R＝Rareness（希少性）	自社の持つ経営資源は希少性があるかどうか？
I＝Imitability（模倣可能性）	自社の持つ経営資源は同コストで真似されにくいかどうか？
O＝Organization（組織）	価値があり希少で模倣コストの大きい経営資源を最大限に活かすことのできる組織体制ができているかどうか？

真の競争優位を得るためには「経営資源」に基づく戦略（リソース・ベースド・ビュー）が重要であり、垂直統合やコストリーダーシップ、差別化戦略、不確実な世界における柔軟性の構築など、これまでの主要な事業戦略論（上巻・中巻）も、多角化戦略などの企業戦略論（下巻）も最終的には「内部資源の評価」で結論を出すべきである（バーニーの視点で再編して体系的に組み立てなおしている）。

◆業界構造はやはり重要！

企業の行動とパフォーマンスは、業界構造に大きく影響される。したがって、標準を上回る経済的パフォーマンスを得られるかどうかは、大前提として業界の構造的な特徴がどうであるか、という点に依存することになる。具体的には、ポーターらの言う市場分散型業界、新興業界、成熟業界、衰退業界、国際業界、ネットワーク型業界、超競争業界、コアなし業界などである。

企業戦略の実践的テーマ

事業戦略レベルの政策

（中巻　事業戦略編）

代表的政策の定義と経済的価値

第６章　垂直統合
第７章　コスト・リーダーシップ
第８章　製品差別化

その他重要テーマの定義と考察

第９章　柔軟性
第10章　暗黙的談合

全社戦略レベルの政策

（下巻　全社戦略編）

戦略的連携のレベルとグローバル経済における代表的政策

第11章　戦略的提携（戦略的提携の類型、戦略的提携の経済価値ほか）
第12章　多角化戦略（多角化の類型、多角化の経済価値ほか）
第13章　多角化戦略の組織体制（エージェンシー・コスト、組織構造ほか）
第14章　合併買収（M&A 戦略の経済価値、M&A と持続的競争優位ほか）
第15章　国際戦略（国際戦略の経済価値、国際戦略と持続的競争優位ほか）

『企業戦略論』目次　体系マップ

企業戦略の基礎理論

戦略の定義と外的・内的分析を ～ポーターのポジショニング論（SCP）とバーニーらのケイパビリティ論（RBV）

（上巻　基本）

戦略の定義と企業の使命

第１章　戦略とは何か

戦略とパフォーマンスの関係

第２章　パフォーマンスとは何か

外部環境分析の視点（SCP）

第３章　脅威の分析
第４章　機会の分析

内部環境分析の視点（資源ベース）

第５章　企業の強みと弱み

自社の強みを中心とした戦略体系に関する研究

『コア・コンピタンス経営』

—未来への競争戦略—

COMPETING for the FUTURE

ゲイリー・ハメル＋C.K.プラハラード（著）

一條 和生（訳）

日本経済新聞出版社刊（日経ビジネス人文庫）

本体価格　800円

Keyword【キーワード】

① 経営戦略
② コア・コンピタンス
③ 戦略設計図
④ ストレッチ戦略、レバレッジ戦略

機能別分類

ゼネラルマネジメント	
論理的思考	
技術経営・アントレプレナーシップ	○
ヒト（HR／組織行動）	
モノ（マーケティング）	
カネ（会計・財務）	
戦略	◎

キャリア職位別分類

初級者	中級者（マネージャー）	上級者（シニアマネージャー）
△	△	◎

読み継がれている理由

1990年代のアメリカ企業は、ダウンサイジング、リストラクチャリング、リエンジニアリングに力を注いでいた。なぜならそれは短期的に効果性を発揮するからである。しかし、スリム化したり業務プロセスの効率化を追求することで根本的な改善はできなかった。重要なのは、将来にわたって企業が成長するための戦略的方策である。

そのことを指摘したのが本書の著者であるゲイリー・ハメルとC・K・プラハラードである。著者は、製品の組み合わせや資源配分を考える以前に将来企業が競争力を維持し成長し続けるためには、全く新しい競争優位をつくり上げ、競争のルールを変えてしまうことが必要であると指摘し、そのためには、企業の中核的な能力（コア・コンピタンス）を高める必要があることを述べている。その代表作が本書である。

明解な題名から受けるイメージより多くのメッセージが得られる「奥の深さ」を感じることのできる名著。

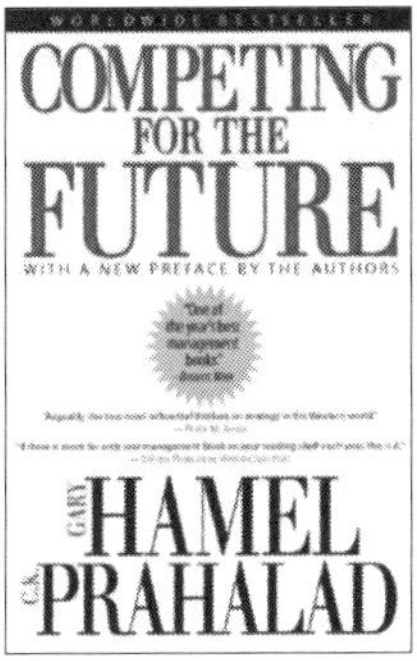

原著『COMPETING for the FUTURE』（初版1994年）

要旨

規模の縮小化や業務プロセスの変革は確かに重要ではあるが、これは現在のビジネスを補強するために行われるもので、未来の産業を創り出すものではない。企業戦略は、価格設定、製品に付加すべき新しい製品特徴など現在の産業を前提とした問題だけでなく、もっと未来の産業構造の構築に向けた問題も含まれる。つまり、従来の戦略を見直すだけではなく、いかに過去の枠組みや成功体験を捨て、未来に到達するために、過去の何を会社の強みとして活用し、役に立たない過去の遺産は何かを明確にする必要がある。

そのプロセスとして、未来のための競争を事前に想定した3つの異なる視点における競争に対応できる戦略を作り出す必要がある、という。

まず第1に「産業の未来をイメージする競争」において5年後、10年後の顧客への付加価値を想定し、そのために何が必要かを考え、第2に「構想を有利に展開する競争」では、ただ単に競争に勝つのではなく、想定した未来にいかに一番乗りしてより多くの利益を獲得するためには何が必要かを想定し、計画を進める必要があるという。そしてこの段階で勝負に勝てるか勝て

著者プロフィール≫

ゲイリー・ハメル（Gary Hamel）ロンドン・ビジネススクール教授（国際経営）。モトローラ、フォード、ダウ・ケミカルなどの企業でコンサルティングを行い、国際的に活躍。1954 年生まれ。

ないかの大きな要因が決まるという。最後の「シェアを獲得する競争」というのが、いわゆる通常の競争状態で、多くの戦略の教科書で紹介されているように、製品のコンセプトがすでに確立し、他社との競合関係も明確になり産業についてもはっきりしたいわゆる競争激化状態における競争であるが、この段階で脅威的な強さを示して勝ち抜くことは、非常に困難という。したがって、本書では、最後の競争については、ページを割いていない。

重要なメッセージとしては、シェアを獲得する競争の前段階である「産業の未来をイメージする競争」、「構想を有利に展開する競争」、を十分行った時点でシェアを獲得する競争を考察するべきだ、ということである。

重要なメッセージ

◆経営者が会社の未来をどのように展望するかを考えるために費やす時間は、平均すると1日のうち3％未満である（独創的な未来の視点を築くために、少なくとも数カ月の間2〜5割は必要）。

◆経営幹部やコンサルタントは、個別の製品開発プロセス、競合製品、競合

著者プロフィール≫

C・K・プラハラード（C. K. Prahalad）ミシガン大学ビジネススクール教授（企業戦略、国際ビジネス）。1941年生まれ。イーストマン・コダック、AT&T、ハネウェルなどの企業でコンサルタントとしても活躍。2010年死去。

との戦いに重きを置いているが、これでは長距離レースの最終の100メートルを問題にしているにすぎない。

◆モトローラは、電話番号が場所ごとについているのではなく、個人についているような世界をイメージする。この世界においては、小さな携帯型の機器を使えばどこにいても連絡がとれ、また新種の通信機器では音声だけでなく、画像やデータもやり取りできる。そしてモトローラは、このようなイメージを実現するために、デジタル圧縮や薄型ディスプレイ、電池技術を高める必要性を認識した。

◆1970年代のNECの戦略設計図は同社を世界的技術リーダーへ導いた。NECは、通信産業とコンピュータ産業が非常に密接に合流することに目を向け、システム化とデジタル化という2つの局面から展開する戦略設計図を作成し、コンピュータと通信の接点にあるビジネスシーズを開花させるために必要な企業力を洗い出し、必要なコア・コンピタンスを築き上げた。

◆競争優位性のあるコア・コンピタンスを作るには、次の8つのステップが重要である。

①コア・コンピタンスを明確にするためのプロセスを作る

②戦略の構築と企業力の獲得を目指す社内横断的なプロセスに戦略的事業部が関与する
③会社の成長と新規事業開発の順序を明確にする
④コア・コンピタンスを管理する役割を明確にする
⑤重要なコア・コンピタンスの資源を配備する仕組みを作る
⑥競合他社に対抗して競争力をつける取り組みを学ぶ
⑦現在と将来のコア・コンピタンスの状態を定点観測する
⑧組織内にコア・コンピタンスの所有を自覚した集団を形成する

◆確実に競争に勝つためには、競合他社よりも早く需要を正確に把握して、どのような性能が製品に要求されているのかを知ることが重要である。つまりコストを抑えながらペースの速い市場参入を繰り返すという探検的マーケティングが必要になる。

必要となる考え方　12章　考え方を変える

未来についての仮説を立てる
4章　産業の未来のイメージをする競争

仮説を設計する
5章　戦略設計図を描く

夢と経営資源の間の溝をつくる
6章　ストレッチ戦略

足りない経営資源で勝負する
7章　レバレッジ戦略

未来に一番乗りする
8章　未来への構想を有利に展開する競争
9章　未来への扉を開く

企業力の組み合わせを考える
10章　コア・コンピタンスを展望する

将来の需要をいち早く製品化
11章　確実に競争に勝つために

従来の競争……他の多くの戦略書はこの段階の競争が主要テーマであるため、本書では取り扱わない

競争力についての考え方を変える
・国家間の競争を見通す
・競争力の根拠を探る

戦略についての考え方を変える
・フォームに書き込む戦略
・気長な資金と考えられる戦略

組織についての考え方を変える
・本社と事業部の対立にとらわれない
・中央集権化と分権化の対立にとらわれない
・官僚主義と権限委譲の対立にとらわれない
・クローン人間と反逆者の対立にとらわれない
・技術主導と顧客主導の対立にとらわれない
・事業の多角化とコアビジネスの対立にとらわれない

『コア・コンピタンス経営』目次　体系マップ

競争の段階

１章　悪循環からの脱却
２章　未来のための競争
３章　過去を忘れる

未来のための競争

1. 未来をイメージする競争

- 産業の推進力を深く考え、産業の未来を展望する
- 創造的な視点を開き、これらがどのような進化を遂げるのかを探る
- 視点を戦略設計図に描く

2. 構想を有利に展開する競争

- 製品や事業よりも、強みとなる企業力の組み合わせを考える
- 企業力の強化のため、市場からすばやく学習する能力をつくる
- 将来の需要をいち早く知り（探索的マーケティング）、その市場の最大化をサポートするための販売網、開発力などの企業力を備える。

現状における競争

3. シェアを獲得する競争

戦略的なナレッジの管理創造に関する研究

『知識創造企業』

The Knowledge-Creating Company

野中 郁次郎＋竹内 弘高（著）

梅本 勝博（訳）
東洋経済新報社刊
本体価格　2,000円

Keyword【キーワード】

① 知識創造
② 形式知、暗黙知
③ 共同化、表出化、連結化、内面化

機能別分類

ゼネラルマネジメント	
論理的思考	
技術経営・アントレプレナーシップ	○
ヒト（HR／組織行動）	○
モノ（マーケティング）	
カネ（会計・財務）	
戦略	◎

キャリア職位別分類

初級者	中級者（マネージャー）	上級者（シニアマネージャー）
△	△	○

読み継がれている理由

従来欧米では、知識は明白で形式的、体系的なもの、つまり形式知と考えられていたが、日本企業は知識を基本的には見えにくく、表現しづらい暗黙的なもの、つまり暗黙知としてとらえるという。

本書は、主として日本企業の分析に基づき、暗黙知を知識創造というコンセプトによって企画、製品開発、人事、生産、マーケティング、会計、財務等マネジメントのあらゆる分野を再構築しようという新たな経営学パラダイムを提唱している。

日本人が書いた経営書で世界で通用するものは数少ないが、本書は世界的に高い評価を受けている書籍である。経営戦略論の世界的権威であるマイケル・E・ポーターは、本書を日本から世界に向けて発信された「経営理論の真のフロンティア」と評価しており、またエコノミスト誌、ウォール・ストリート・ジャーナル紙などにおいても高い評価を受けている。ぜひ世界に誇る日本発の名著として読んでいただきたい。

原著『The Knowledge-Creating Company』（初版1995年）

要旨

知識は大きく分けると形式知と暗黙知がある。形式知とは、客観的な知識で形式的で言語によって伝達できる知識のことである。一方、暗黙知は、主観的な個人が持つ知識で、形式化を行ったり人に伝達するのが困難な知識のことである。

筆者が提唱する動的な知識創造モデルは、この2つの知識の社会的相互作用を通じて拡大されるというものである。それは、

①個人の暗黙知からグループの暗黙知を創造する「共同化」
②暗黙知から形式知を創造する「表出化」
③個別の形式知から体系的な形式知を創造する「連結化」
④形式知から暗黙知を創造する「内面化」

という4つのモードがある。そして時間を導入するとこれらが相互作用しスパイラルを生む。

もう一方の次元では、個人によって創造された知識が相互作用によってグループ・レベル、組織レベルの知識に変換される。またスパイラルにより、

著者プロフィール≫

野中郁次郎（Ikujiro Nonaka）1935年生まれ。早稲田大学政治経済学部卒業。富士電機製造㈱勤務の後、カリフォルニア大学経営大学院（バークレー校）にてPh. D. 取得。南山大学経営学部教授、防衛大学校教授、一橋大学大学院国際企業戦略科教授を歴任。現在一橋大学名誉教授。この間、多くの企業の取締役を務める。「知識創造経営の生みの親」として、世界的に知られる。

組織レベルで創造された知識が事業部レベル、全社レベル、組織間レベルの知識に変換される。このようにしてイノベーションが生まれるのである。また、本書の後半では組織的知識創造のために望ましいマネジメント・プロセスや組織構造について論じている。

著者が提唱しているのは、マネジメント・プロセスとしてはミドル（中間層）が、トップとラインマネジャーを結びつける役割を担い、トップが持つ理想と現場の社員が直面する生々しいビジネスの現実をつなぐ〝かけ橋〟になる「ミドル・アップダウン・マネジメント」である。

また、同時に組織構造としては通常の日常業務を行う「ビジネス・システム層」、開発などの知識創造活動を行う「プロジェクト・チーム層」、そして、これら2つの層で創造された知識を組織全体の財産として共有するための「知識ベース層」の3つの層からなる知識創造を生むサイクルを育む「ハイパーテキスト型組織」が有効であるという。

著者プロフィール≫

竹内弘高（Hirotaka Takeuchi）1946年生まれ。国際基督大学卒業。広告代理店勤務ののち、カリフォルニア大学経営大学院（バークレー校）にてMBA、Ph. D. 取得。ハーバード大学経営大学院助教授を経て、一橋大学大学院国際企業戦略研究科長・教授を2010年まで務める。現在一橋大学名誉教授。2010年よりハーバード大学ビジネススクール教授。

重要なメッセージ

◆ホンダ・シティのケースは、暗黙知を形式知に転換しているが、表現しにくいものを表現するために比喩や象徴を用いている、知識を広めるために個人の知が他の人にも共有される、新たな知識は曖昧さと冗長により創られるという3つの特徴がある。

◆松下電器のホームベーカリー開発ではチーフ・ベーカーのパン生地練りの技能といった暗黙知を「共同化」によって組織全体に広め、組織内部の境界を超えその知識を「移転」し、知識変換を促進する組織的要件を強化し、組織的知識創造が切れ間のない連続的イノベーションプロセスとした。

◆ミドル・アップダウン・マネジメントの好例は、キャノンのミニコピア開発である。キャノンは、ミドル・アップダウン・マネジメントを採用することで、ビール缶から得たヒントで、使い捨てカートリッジを適正な低コストで製造するプロセス技術を生み出すことができた。

◆シャープは、社員はビジネス・システム・レイヤーかプロジェクト・チーム・レイヤーのどちらか一方に属しているが、組織は、プロジェクト・チーム・レイヤーが完全にビジネス・システム・レイヤーから独立して、より完璧なハイパーテキスト型組織を形成している。

◆日産のプリメーラのケースは、日本人社員をヨーロッパに派遣して海外市場に関する暗黙知を身につけさせ（共同化）、製造ノウハウに関する日本の暗黙知を外国人に身に付けさせる（表出化）によって、知識創造を地球規模に拡大させたよい事例である。

◆実務家が組織的知識創造を行うためには、以下のことが重要である。

①知識ビジョンを創る
②ナレッジ・クルーを編成する
③企業最前線に濃密な相互作用の場を作る
④新製品開発のプロセスに相乗りする
⑤ミドル・トップダウン・マネジメントを採用する
⑥ハイパーテキスト型組織に転換する
⑦外部世界との知識ネットワークを構築する

◆変換を実行するときの出発点は二項を相互補完的なものとして捉えるべきであり、二項対立（ダイコトミー）を超越せねばならない。

本書の成果と二つの含意

第8章
実践的提言と理論的発見

「ミドル・アップダウン・マネジメント」

第5章
知識創造のためのマネジメント・プロセス

「ハイパーテキスト型組織」
～知識創造に適した組織構造～

第6章　新しい組織構造

(事例) 日産と新キャタピラー三菱
～知識創造の地球規模的拡大～

第7章　グローバルな組織的知識創造

実務的提言

実務家が組織的知識創造を行う際のガイドライン
1) 知識ビジョンを創る
2) ナレッジ・クルーを編成する
3) 企業最前線に濃密な相互作用の場を作る
4) 新製品開発のプロセスに相乗りする
5) ミドル・トップダウン・マネジメントを採用する
6) ハイパーテキスト型組織に転換する
7) 外部世界との知識ネットワークを構築する

理論的発見

二項対立（ダイコトミー）を超越し、相互補完的な二項と見る必要性
1. 暗黙的／明示的
2. 身体／精神
3. 個人／組織
4. トップダウン／ボトムアップ
5. ビューロクラシー／タスクフォース
6. リレー／ラグビー
7. 東洋／西洋

『知識創造企業』目次　体系マップ

知識創造の理論 → 知識創造の実践

西洋と日本のマネジャーの相違
第1章　組織における知識－序論

知識の理論的基礎
第2章　知識と経営

経済学、経営学、組織論における主要な理論の批判と「新しい知識を創造する」ダイナミックなイノベーション論の必要性

組織的知識創造の理論
第3章　組織的知識創造の理論

認識論的次元

知識変換の４つのモード
①「暗黙知から暗黙知へ（共同化）」
②「暗黙知から形式知へ（表出化」
③「形式知から形式知へ（連結化）」
④「形式知から暗黙知へ（内面化）」
の変換とその相互作用によるスパイラル

存在論的次元

①個人によって創造された知識の相互作用による「グループレベル」、「組織レベル」の知識への変換
②組織レベルで創造された知識の「事業部レベル」、「全社レベル」、「組織間レベル」への知識への変換

（事例）松下電器の自動パン焼器
第4章　知識創造の実例

ゲーム理論を活用した戦略領域の協調戦略に関する研究

『ゲーム理論で勝つ経営』

競争と協調のコーペティション戦略

Co-Opetition

バリー・J・ネイルバフ＋アダム・M・ブランデンバーガー（著）

嶋津 祐一＋東田 啓作（訳）

日本経済新聞出版社刊（日経ビジネス人文庫）

本体価格　905円

Keyword【キーワード】

① ゲーム理論
② 意思決定
③ 価値相関図
④ プレイヤー・付加価値・ルール・戦術・範囲（PARTS）

機能別分類

ゼネラルマネジメント	
論理的思考	
技術経営・アントレプレナーシップ	○
ヒト（HR／組織行動）	
モノ（マーケティング）	
カネ（会計・財務）	○
戦略	◎

キャリア職位別分類

初級者	中級者（マネージャー）	上級者（シニアマネージャー）
△	△	◎

読み継がれている理由

1997年に『コーペティション経営』というタイトルで日本経済新聞社より単行本として翻訳出版されたが、文庫化された際に『ゲーム理論で勝つ経営』とよりわかりやすいタイトルへ変更された。ゲーム理論を活用した成長戦略をベースにした主張が元になっている。

ビジネスは戦争に例えられる。「競争業者に打ち勝つ」「市場シェアを奪い取る」「顧客は逃すな」、などの表現は戦争を連想させ、グローバル化と競合の出現でますます競争の視点も重要になってきているとも言える。

しかし、現代のビジネスにおいては、必ずしもそれが当てはまらないケースもある。供給業者と良好な関係を構築する、同業他社との戦略的連携を結ぶなど必ずしも戦争ではない場合も存在するのである。

本書は、競争と協調の新しい枠組みを提供することを目的としている。筆者の言葉を借りれば、「ビジネスは『パイ』を作り出すときは協力し、その『パイ』を分けるときには競争する」というのがビジネスの本質である。このような競争と協調の枠組みを「コーペティション経営」と名づけている。

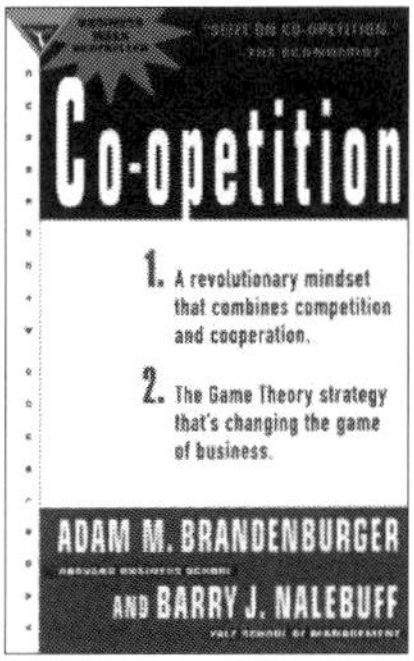

原著『Co-Opetition』（初版 1996 年）

コーペティション（co-opetition）は、co-operation と competition をつなげて短縮した造語であるが、競争相手を打ち負かすだけでなく、自社のゲームを有利なものに構築する方策をゲーム理論を用いて展開している。

要旨

協調と競争を同時に展開するにはゲーム理論を活用する。ゲームのために、まずは各プレイヤー間での協調と競争を分析する。その分析のために「価値相関図（Value Net）」と呼ばれる図を作成し各プレイヤー間の相互依存関係を明確化する。そしてゲーム理論を活用する。

自社を有利に展開するためにはゲームを変えていかなければならない。ゲームを変えるには、5つの基本要素のうち、少なくとも1つの要素を変える必要があるという。筆者が挙げる基本要素とは、

①Players（プレイヤー）

②Added Values（付加価値）

③Rules（ルール）

著者プロフィール≫

バリー・J・ネイルバフ（Barry J. Nalebuff）エール大学スクール・オブ・マネジメント教授。『Thinking Strategically』（邦訳『戦略的思考とは何か』阪急コミュニケーションズ刊）の共著者。アメリカン・エキスプレス、シティバンク、マッキンゼー、プロクター・アンド・ギャンブルなどのコンサルタント

④Tactics（戦術）
⑤Scope（範囲）

の５つで、それぞれの頭文字をとり「ＰＡＲＴＳ（パーツ）」と呼ばれる。

本書の第二部では、これらのそれぞれの要素について各1章ずつ割り当て、それぞれの要素を自社の都合のよいように変える方策を詳細に解説している。

また、ビジネスにおけるゲームは他のゲームと違って常に変化している。ゲームは常に進行中であり、すぐに新しい状況が生まれる。さらに他のプレイヤーもゲームを変えようとしているため、変化に適応して常にゲームを変更していくことが必要である。最終章で、５つの各要素について、ゲームを変えるためのチェックリストを記述している。

重要なメッセージ

◆ビジネスは、「戦争」であると同時に「平和」である。そして戦争と平和は同時に起こる。

◆大学の価値相関図を見てみると、顧客は学生・両親・政府・ドナーなど、

著者プロフィール≫

アダム・M・ブランデンバーガー（Adam M. Brandenburger）ハーバード・ビジネススクール教授。インテル、フェデリティ、ハネウェル、メルク等、ゲーム理論を経営レベルで実際に応用している企業で実績を上げている。

競争相手は他大学・企業・病院・博物館など、供給者は教授・職員・出版社・経営管理者など、補完的生産者は他大学・高校・コンピューター・住居・ホテル・地域企業などになる。

◆任天堂は付加価値を変えた。供給不足のゲームを作り上げることによって、トイザラスなどの買い手の付加価値を下げた。保護チップや1年間に5種類のゲームしか作れないという契約条項を盛り込むことによりソフトウエア開発者の付加価値を下げた。

◆GMはGMカードに注力することでルールを変えた。それはGMカードの保有者は、カードでの支払いの5%分をGM自動車の購入やリースから割引いてもらえるというものだった。GMはGMの自動車を好む人だけに割引を行い、効果的に2種類の価格を設定したことを意味する。それによってフォードが価格を引き上げることができ、GM、フォードともに価格を安定させることができたという双方が勝つゲームである。

◆マイクロソフトのプレゼンテーションソフトであるパワーポイントは、ハーバード・グラフィックスに水をあけられていた。マイクロソフトは、売上向上のため価格を引き下げたが、それにより品質が劣ると買い手には認識された。そこで戦術を転換し、価格を据え置き、ワードやエクセルと共に「マイクロソフトオフィス」というセットの中に組み込むことで、３９０ドルもするプレゼンテーションソフトがただでついてくると認識させ、現在のプレゼンテーションソフトでトップの地位を維持している。

◆セガは範囲を変えることで成功した。８ビットゲームは任天堂に独占されていたため、音、画像で優れ、価格も高い16ビットゲームで参入し、市場リーダーとなった。

◆日本の武道である柔道は、一般的に体重が重い者のほうが強い。しかし、相手の体重を利用して闘うこともできる。つまり、敵の強さを弱さにするということである。ビジネスにおける「柔道戦略」とは、既存企業の強さを不利な条件に変えてしまうことによって、挑戦者がチャンスを得る戦略をいう。たとえば、セガ・エンタープライズがビデオゲーム界のリーダーである任天堂を倒したケースなどがその例である。

◆コーペティションによって、創造性が刺激され、ビジネスを先見性のあるものにし、ビジネスをより利益が大きく、個人的満足が得られるものにできる。

第Ⅱ部
戦略における「PARTS」

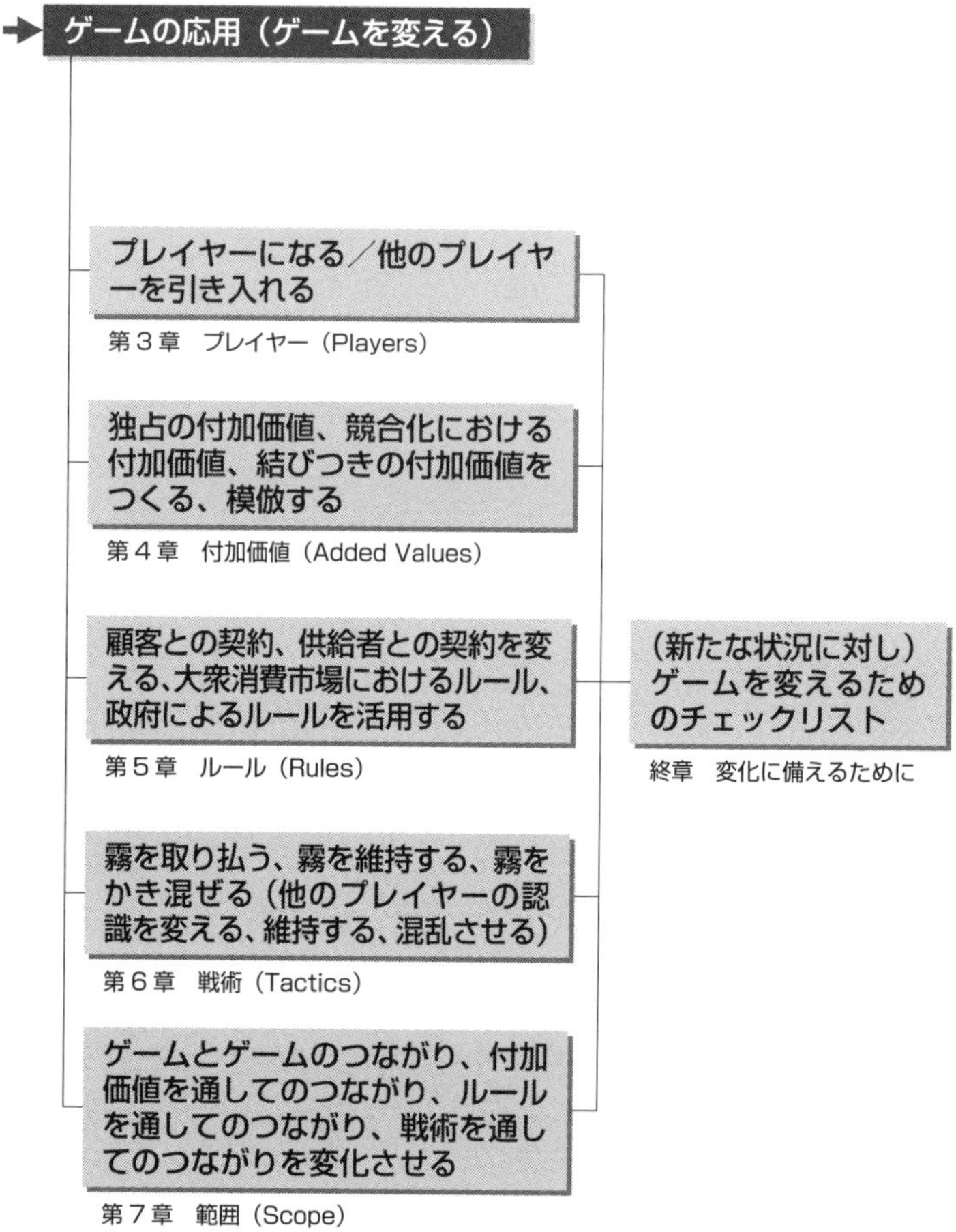

ゲームの応用（ゲームを変える）
プレイヤーになる／他のプレイヤーを引き入れる
第３章　プレイヤー（Players）
独占の付加価値、競合化における付加価値、結びつきの付加価値をつくる、模倣する
第４章　付加価値（Added Values）
顧客との契約、供給者との契約を変える、大衆消費市場におけるルール、政府によるルールを活用する
第５章　ルール（Rules）
霧を取り払う、霧を維持する、霧をかき混ぜる（他のプレイヤーの認識を変える、維持する、混乱させる）
第６章　戦術（Tactics）
ゲームとゲームのつながり、付加価値を通してのつながり、ルールを通してのつながり、戦術を通してのつながりを変化させる
第７章　範囲（Scope）
（新たな状況に対し）ゲームを変えるためのチェックリスト
終章　変化に備えるために

『ゲーム理論で勝つ経営』目次　体系マップ

第Ⅰ部
ビジネスにおけるゲーム：ゲームの概要

ゲームの基礎

コーペティション経営の概略（競争と協調を同時に行う必要性）

序章　ビジネスは「戦争と平和」

プレイヤー間の競争と協調を分析するための「価値相関図」

第１章「コーペティション（Co-opetition）」の考え方

コーペティションを行うためのゲーム理論と５つの基本要素

第２章「力」はどのように決定されるか◇ゲーム理論

- ①プレイヤー
- ②付加価値
- ③ルール
- ④戦術
- ⑤範囲

長期的に優れた企業を研究

『ビジョナリー・カンパニー』

BUILT To LAST : SUCCESSFUL HABITS OF VISIONARY COMPANIES

―時代を超える生存の原則―

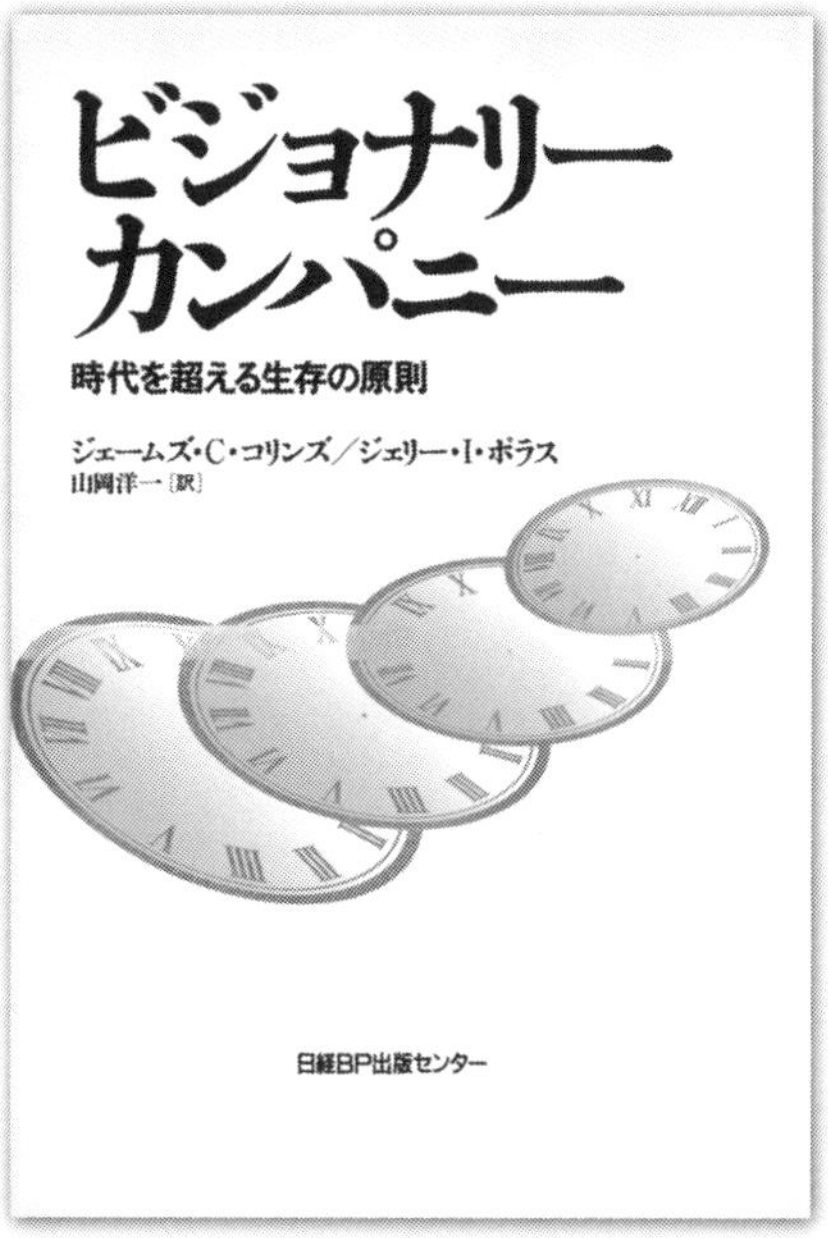

ジェームズ・C・コリンズ
＋ジェリー・I・ポラス（著）

山岡 洋一（訳）
日経BP社刊
本体価格　1,942円

Keyword【キーワード】

① 戦略
② リーダーシップ

機能別分類

ゼネラルマネジメント	○
論理的思考	
技術経営・アントレプレナーシップ	○
ヒト（HR／組織行動）	○
モノ（マーケティング）	
カネ（会計・財務）	
戦略	◎

キャリア職位別分類

初級者	中級者（マネージャー）	上級者（シニアマネージャー）
△	△	◎

読み継がれている理由

優れた企業を選んでその強さを分析した書『エクセレント・カンパニー』に掲載された企業の多くがその後不振にあえいでいたり、市場から撤退したりしている。そのような中・短期的でなく、長期的に時代を超えて優れた18社を選んで徹底的に分析し、企業を成功へと導く本質を解明したのが本書『ビジョナリー・カンパニー』である。1994年に出版され、全米で100万部を超えたミリオンセラーとなった。

本書は、持続的な繁栄を続けるために、企業は基本理念と進歩への意欲を組織の隅々にまで浸透させなくてはならないとする。そのため、組織やチーム、そして個人の目標、戦略、行動、給与体系といったあらゆる制度やそれらの制度を支える具体的な施策が、明確な一貫性と整合性を持って運用されることが必須であるということを提示している。

経営の流行に流されたり、技術的な戦略論に振り回されがちな経営者に多大な影響を与えた名著である。

アマゾンのCEOジェフ・ベゾスも著書『ジェフ・ベゾス　果てなき野

原著『BUILT To LAST：SUCCESSFUL HABITS OF VISIONARY COMPANIES』（初版 1994 年）

望』（日経BP社刊）の中で、自身の愛読書13冊として本書を『イノベーションのジレンマ』とともに紹介している。

要旨

本書は、企業は持続的に繁栄を続けることを目的に、基本理念と進歩への意欲を組織の隅々にまで浸透させるため、組織やチーム、そして個人の目標、戦略、行動、給与体系といったあらゆる制度やそれらの制度を支える具体的な施策が、明確な一貫性と整合性を持って運用されることが必須であるということを提示している。

その体系を説明する上で、本書はこれまで卓越した企業を作り上げるために必要であると信じられていた以下の12の神話を挙げ、逆説的に「本当は因果関係がない」ということを強く打ち出している。

神話1「すばらしい会社を始めるには、すばらしいアイデアが必要である」

神話2「ビジョナリー・カンパニーには、ビジョンを持った偉大なカリスマ

著者プロフィール≫

ジェームズ・C・コリンズ（James C. Collins）スタンフォード大学教授。マッキンゼー＆カンパニー、ヒューレットパッカードでもキャリアの経験を持つ。

的指導者が必要である」
神話3「特に成功している企業は利益の追求を最大の目的としている」
神話4「ビジョナリー・カンパニーには、共通した正しい基本価値がある」
神話5「変わらない点は、変わりつづけることである」
神話6「優良企業は危険を冒さない」
神話7「ビジョナリー・カンパニーは誰にとってもすばらしい職場である」
神話8「大きく成功している企業は、綿密で複雑な戦略を立て、最善の動きをとる」
神話9「根本的な変化を促すには、社外からCEOを迎えるべきだ」
神話10「最も成功している企業は、競争に勝つことを第一に考えている」
神話11「2つの相反することは、同時に獲得することはできない」
神話12「ビジョナリーカンパニーになるのは、主に経営者が先見的な発言をしているからだ」

しかし、詳細なリサーチの結果、著者はその神話はすでに崩れていることを論じ、なぜどのように崩れていったのかを証明している。特にその中から

著者プロフィール≫

ジェリー・I・ポラス（Jerry I. Porras）スタンフォード大学教授。組織開発やリーダーシップなど、組織論専門。陸軍、ロッキード、ゼネラルエレクトリック（GE）でのキャリア経験を持つ。本書のデータ収集・分析手法をベースにしたソフトウェア『オーガニゼーション・ストリーム・アナリシス』の共同開発者でもある。

柱として４つの重要な概念が示されている。

①時を告げる預言者になるな。時計を作る設計者になれ（自らが設計者となること。カリスマ経営者はいらない）。

②ＡＮＤの才能を重視しよう（ＡとＢのどちらかではなく、両方できる第３のオプションを考える）。

③基本理念を維持し、進歩を促す（闇雲に変化し続けることが重要ではない。自分達にとって最重要な理念はブレてはいけない）。

④一貫性を追求しよう（理念やビジョンと行動、ルールなどに矛盾があってはいけない）。

特に、最後の「一貫性を追求しよう」が大前提として重要になってくるものであろう。たとえば、基本理念であるが、偉大な企業の理念はしばしば正反対のものもあったという。つまり理念の内容ではなく、理念がいかに深く信じられているか、そして、会社のあらゆる細かい部分までいかに一貫して理念が実践されているかが重要だという。

すばらしい会社にまつわる12の神話を崩し、現実を凝視しながら最も重要な柱をブレずに進むことを提示し、ビジネスパーソンがビジョナリー・カンパニーを作り上げるのに重要な示唆を与えている。

重要なメッセージ

◆具体的な事業に関するアイデアを持つことはすばらしい会社を作る必要条件ではない。むしろある事業アイデアを、確実に、そして継続的に具現化できるだけの重要な共通理念を持ち、それに伴う行動を促す一貫性のあるルールとそれらに共感する組織をつくることこそがすばらしい会社をつくる必要条件である。

◆すばらしい会社にはビジョンを持ったカリスマリーダーは必要ない。偉大な指導者よりも、むしろ長期的な展望に立って長く続く組織をつくることに注力するリーダーが必要である。

◆成功している会社は単なる利益を超えた基本的価値観や目標などの基本理念を重視しながら、結果として（長期的な）利益を挙げている。

◆成功する会社に「共通した」基本的価値観は存在しない。むしろ、各企業ごとに設定され、それが単なるお題目に終わらずに、組織の隅々まで行動に落とし込まれた一貫性のある各企業ごとの基本的価値観が存在する。
◆闇雲に変革してはいけない。企業が成功し続けるためには戦術こそ変わりつづけても、基本的価値感は決して変えてはいけない。
◆必ずしも保守的な会社が成功しているのではなく、不確実性の高い世界において重要な局面で大胆な目標を掲げ、リスクをとっている会社が成功している。
◆すばらしい会社は誰にとってもすばらしいわけではない。存在意義や達成すべきことが基本的価値観と目的で設定されているため、これらの理念に共感するものだけが、すばらしい職場として活き活きと活躍できる。
◆すばらしい会社は、綿密で複雑な戦略よりもむしろ、柔軟性を持ち数多くのチャレンジをし、その中から残った数少ない成功例を柱として計画をつくっている。
◆すばらしい会社の約1700年の歴史(調査対象18社の合計操業期間)で、社外からCEOを採用した例は2社、計4回のみであり、この基本的価値観や目的といった理念を共有する同志の重要性を示している。
◆すばらしい会社は、競争相手よりもむしろ自分自身との競争に勝つことを最重要視している。競争相手をいくら引き離そうが、満足する最終地点は存在しない。

◆すばらしい会社は、常に二者択一ではなく、良いものを同時に複数追求することを前提に方法を考える。

◆すばらしい会社をつくるためには基本理念を実際に現場で浸透させるために何千もの細かい手段を使って活動を継続的に行っている。

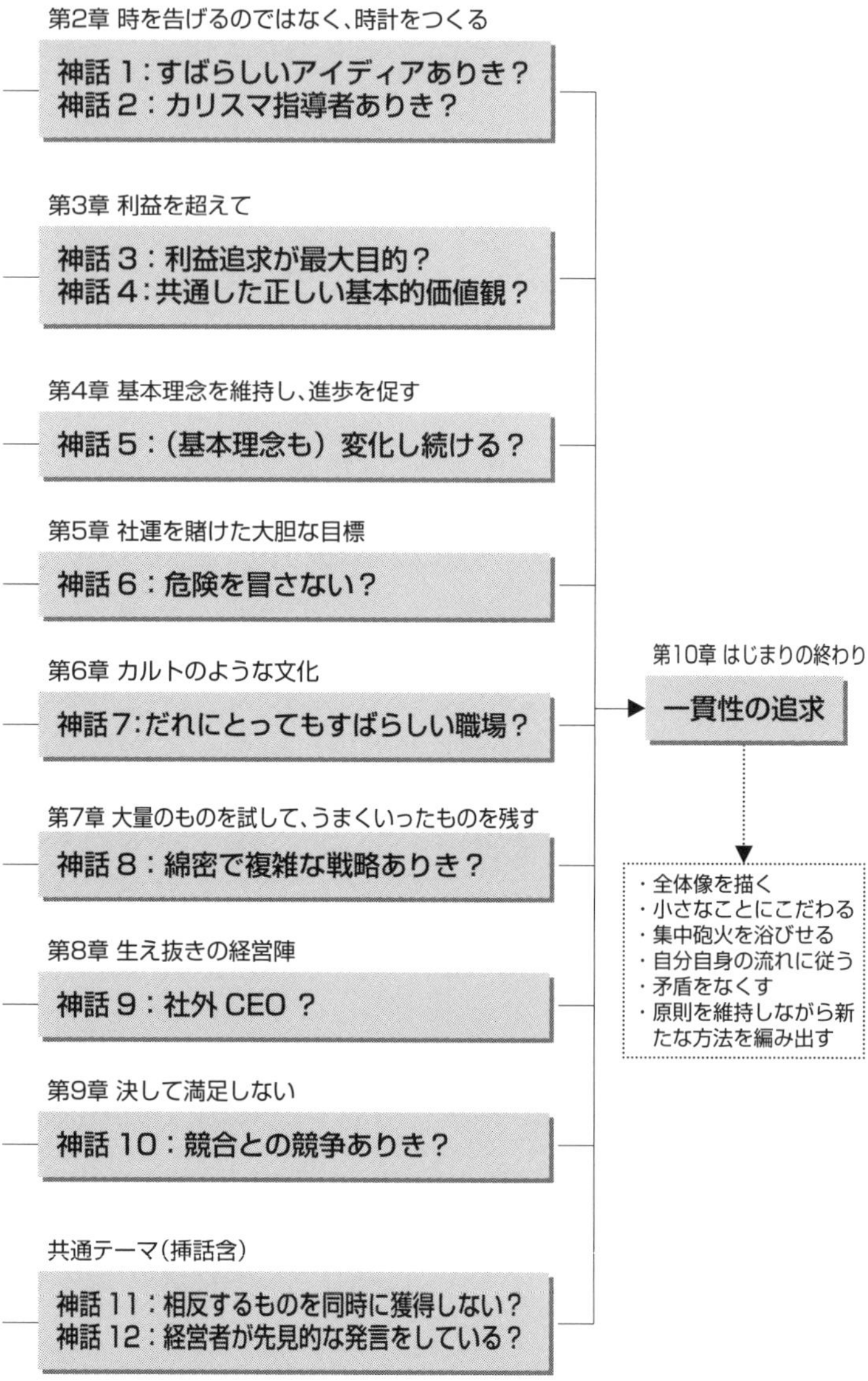
第2章 時を告げるのではなく、時計をつくる
神話 1：すばらしいアイディアありき？
神話 2：カリスマ指導者ありき？
第3章 利益を超えて
神話 3：利益追求が最大目的？
神話 4：共通した正しい基本的価値観？
第4章 基本理念を維持し、進歩を促す
神話 5：（基本理念も）変化し続ける？
第5章 社運を賭けた大胆な目標
神話 6：危険を冒さない？
第6章 カルトのような文化
神話 7：だれにとってもすばらしい職場？
第7章 大量のものを試して、うまくいったものを残す
神話 8：綿密で複雑な戦略ありき？
第8章 生え抜きの経営陣
神話 9：社外 CEO ？
第9章 決して満足しない
神話 10：競合との競争ありき？
共通テーマ（挿話含）
神話 11：相反するものを同時に獲得しない？
神話 12：経営者が先見的な発言をしている？
第10章 はじまりの終わり
一貫性の追求
・全体像を描く
・小さなことにこだわる
・集中砲火を浴びせる
・自分自身の流れに従う
・矛盾をなくす
・原則を維持しながら新たな方法を編み出す

『ビジョナリー・カンパニー』目次　体系マップ

第1章 最高のなかの最高

偉大な企業の神話

優良企業リサーチによる神話の崩壊

財務会計分野以外の指標も含む戦略実行ツール

『キャプランとノートンの戦略バランスト・スコアカード』

THE STRATEGY-FOCUSED ORGANIZATION

ロバート・S・キャプラン＋デービッド・P・ノートン（著）

櫻井 通晴（監訳）
東洋経済新報社刊
本体価格 3,400円

Keyword【キーワード】

① バランスト・スコアカード
② 戦略マップ
③ 財務の視点、顧客の視点、内部ビジネスプロセスの視点、学習と成長の視点

機能別分類

ゼネラルマネジメント	
論理的思考	
技術経営・アントレプレナーシップ	
ヒト（HR／組織行動）	○
モノ（マーケティング）	○
カネ（会計・財務）	○
戦略	◎

キャリア職位別分類

初級者	中級者（マネージャー）	上級者（シニアマネージャー）
△	△	◎

読み継がれている理由

著者であるキャプランとノートンは、本書の前に『バランス・スコアカード』（生産性出版刊）を1996年に出版（19カ国語に翻訳）しているが、そのときは、バランスト・スコアカードの目的は、業績測定問題を解決することにあった。

しかし、実際に導入企業を見てみると、業績の測定よりさらに重要な戦略の実行を目的としてバランスト・スコアカードを導入していた。つまり、戦略とアクション（行動）のギャップを埋め、具体的な活動につなげていくためのフレームワークとして、戦略とアクションとの関連付けを明確にし、その上で、効果測定に活用することで導入企業は、1、2年の間で大きく業績を向上させていた。

本書では、このような導入事例を踏まえて、企業が重要なマネジメント・プロセスを戦略に方向づけ、戦略を実行し、大幅な業績向上に役立つための論理的で包括的なアプローチを提供している。事例や文献を豊富に提供しているのが特徴で、これから実際にバランスト・スコアカードを導入する企業

原著『THE STRATEGY - FOCUSED ORGANIZATION』（初版 2001 年）

や導入を支援するコンサルタントには必読の書であると言える。

要旨

経営環境を的確に分析し、策定された有効な戦略が実行されないことが多い。それは戦略が日々変化しているにも関わらず、戦略を測定するツールがそれに追いついていなかったからである、といわれている。

これまでは単に投資と、投資の成果や効率を管理する財務的業績評価指標のみをベースにすることが多かったが、長期的な視点に基づき、競争が激化した市場の中で生き残るためには継続的な発展を支える競争優位を構築する必要がある。そして、そのためには財務的業績評価指標だけではなく、財務指標に魂を吹きかける意志の入った他の基準も設定し、実現を図る必要があると言う。その基準こそが、「①財務的視点」に加えて、「②顧客の視点」、「③社内ビジネスプロセスの視点」、そして、「④学習と成長の視点」を含めたバランスト・スコアカードの4つの柱であった。

一方、単に業績評価の新たなツールとしてではなく、企業のビジョン・戦

著者プロフィール≫

ロバート・S・キャプラン（Robert S. Kaplan）
ハーバード・ビジネススクール教授。前カーネギーメロン大学産業経営大学院教授、1977年から1983年までは同大学院院長。

略を各階層の意識や方向性の具体化を図るために、このバランスト・スコアカードを戦略に組み込み、戦略のマネジメントを行うツールとして、戦略の実効性を支援する機能を果たさせることが重要であるとしている。

特に、そのために忘れてはいけないポイントを、キャプランとノートンは5つの原則として、具体的な事例とともに詳述している。つまり、大前提として押さえておかなければならないことは、まず、

①戦略を（「戦略マップ」によって）現場の言葉に置き換え、
②組織内のシナジーを生むために組織全体を戦略に向けて方向付けた上で、
③戦略を全社員の日々の業務に落とし込み、
④その戦略を継続的なプロセスにするために効果測定とそれに伴う計画の微調整を行うプロセスを固めながら、
⑤戦略の実効性を担保するためにエグゼクティブのコミットメントとリーダーシップとともに変革を促す、

といった5つである。この5つの原則を忠実に実行することで、単なる業績評価の1ツールとしてのバランスト・スコアカードではなく、戦略的マネジメントシステムとして、戦略の実行を飛躍的に支援する強力なガイドとし

著者プロフィール≫

デビット・P・ノートン（David P. Norton）バランスト・スコアカードに関する研究・普及活動を行う、バランスト・スコアカード・コラボレイティブの社長。

て検証した。

重要なメッセージ

◆1980年代に行われた経営コンサルタント調査では、有効に策定された戦略の10%以下しか成功裏に実行されなかったという。

◆マネジメントチームの85%は戦略を議論するための時間を1カ月あたり1時間以上費やすことはない。

◆全社レベルのスコア・カードは、全社レベルの全社的なテーマと本社の役割という2つの戦略の要素を明確にする必要がある。

◆「全社的なテーマ」すべての戦略的ユニットで共有するべき価値、信念、理念

◆「本社の役割」戦略的ユニットにまたがる顧客に対するクロスセリング、共通の技術の共有、本社ビジネスプロセスの提供のような戦略的ユニットレベルのシナジー（相乗効果）を創造するために本社が権限を持つ行動。

◆従業員に戦略を意識させるために、企業は、

①コミュニケーションと教育
②個人の目標やチームの目標を開発すること
③インセンティブと報酬制度
という3つの異なったプロセスで、バランスト・スコアカードを活用することが必要である。
◆個人レベルのバランスト・スコアカードは、
①全社目標と業績測定尺度
②全社目標を特定の目標に落とし込むための箇所
③個人やチームが自分たちの目標とそれを達成するためのステップ
という3つのレベルの情報が入れられる。
◆戦略の導入に関して、大幅な権限委譲が必須となる。(10(シニア・エグゼクティブのチーム)から一万(会社の全従業員)への権限委譲)。

戦略を記述・実行するための因果関係を明らかにする

3章　戦略マップの構築
4章　営利企業における戦略マップの構築
5章　非営利組織、政府、ヘルスケア機関の戦略スコアカード

組織横断的にBSCを活用する

6章　ビジネス・ユニットのシナジー創造
7章　シェアードサービスを通じてのシナジーの創造

成果連動型報酬制度と結びつける

8章　戦略意識の高揚
9章　個人レベルとチーム・レベルの目標を定義づける
10章　バランスト・スコアカードにもとづく報酬制度

戦略の微調整を含めたフィードバックプロセスを確立する

11章　計画設定と予算管理
12章　フィードバックと学習

4つの原則を実現させるためのリーダーシップ

13章　リーダーシップと活性化
14章　失敗を回避する留意点

『キャプランとノートンの戦略バランスト・スコアカード』目次　体系マップ

戦略思考の組織体の５原則

１章　戦略実行のためのバランスト・スコアカードの導入
２章　モービルはいかに戦略思考の組織体へと変貌したか（事例研究）

原則１（第１部）
戦略を現場の言葉に置き換える

原則２（第２部）
シナジーを創造するために組織体を方向付ける

原則３（第３部）
戦略を全社員の日々の業務に落とし込む

原則４（第４部）
戦略を継続的なプロセスにすること

原則５（第５部）
エグゼクティブのリーダーシップによって変革を促す

【編者紹介】

グローバルタスクフォース（GTF）

世界の主要ビジネススクール同窓生ネットワーク「Global Workplace」（全世界会員約 40 万人、うち日本人会員約 2 万人）を母体とするマネジメントリソース会社。上場企業の再編や再生、M&A、新規事業の立ち上げなどの支援要員を、実働チームとして提供するとともに、6 カ月後からメンバーの転籍・採用を促すことで、ミスマッチの高い採用に代わる企業の新たなタレントマネジメント・プラットフォームを提供する。著書にシリーズ累計 100 万部を超えた『通勤大学 MBA』シリーズや『ポーター教授「競争の戦略」入門』（以上、総合法令出版）、『ハーバード・ビジネススクール“クリステンセン”教授の「イノベーションのジレンマ」入門』（PHP 研究所）など多数。

公式サイト
http://www.global-taskforce.net/

世界のエリートに読み継がれているビジネス書38冊

2015年8月8日　初版発行
2015年8月21日　2刷発行

編　者　グローバルタスクフォース
発行者　野村直克
発行所　総合法令出版株式会社
〒103-0001 東京都中央区日本橋小伝馬町15-18
ユニゾ小伝馬町ビル9階
電話 03-5623-5121

印刷・製本　中央精版印刷株式会社

落丁・乱丁本はお取替えいたします。

ISBN 978-4-86280-462-4
総合法令出版ホームページ　http://www.horei.com/